谷口雄也

メッセージBOOK

―覚悟を力に―

谷口雄也著

廣済堂出版

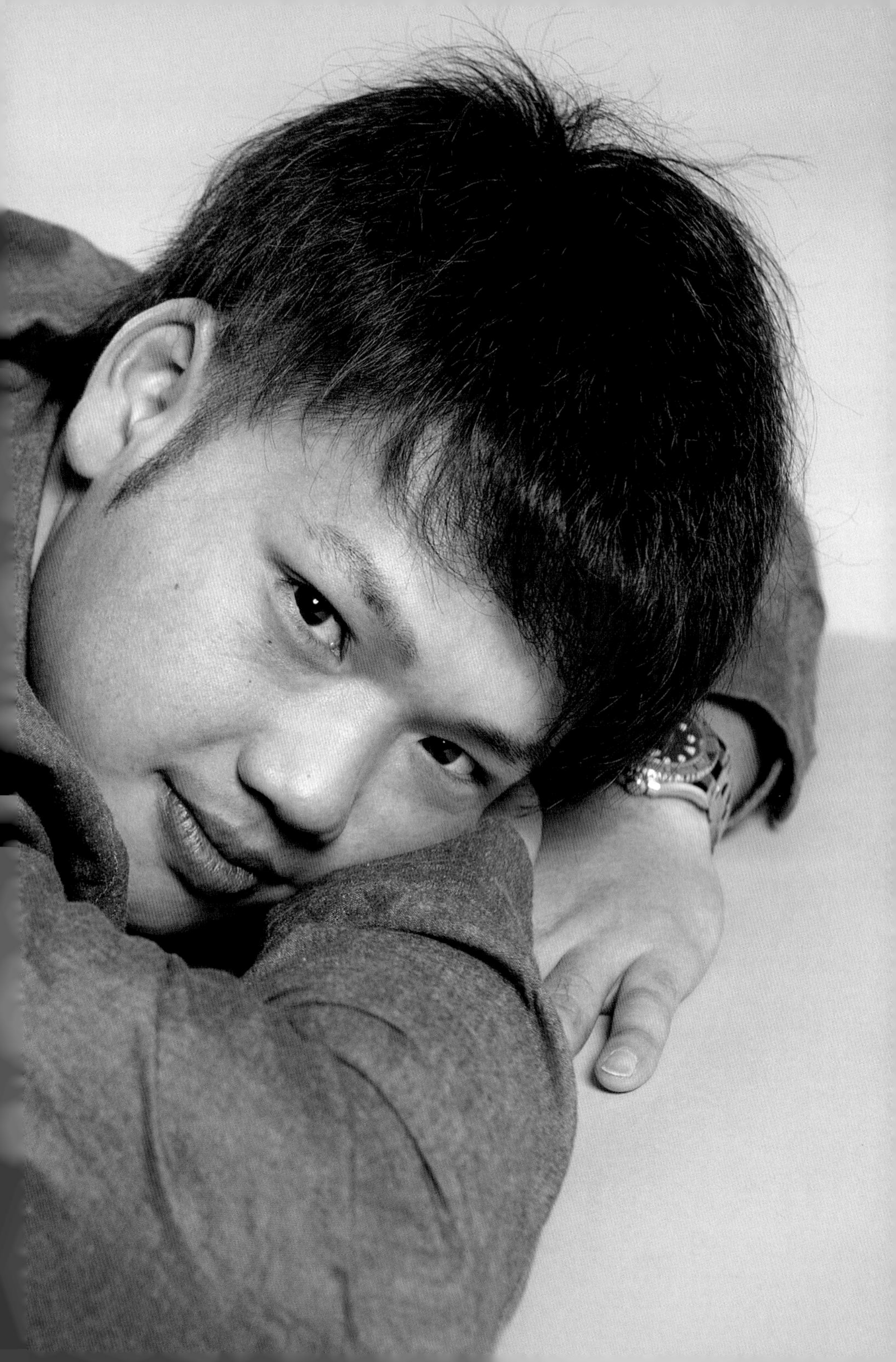

FIGHTERS
FIGHTERS

FIGHTERS

FIGHTERS
BASEBALL

FIGHTERS
BASEBALL

北海道新聞
FIGHTERS

12

FIGHTERS
TAKAHAMA
62

FIGHTERS

Saitama
北海道

株式会社

FIGHTERS

海道新聞

FIGHTERS
BASEBALL

FIGHTERS

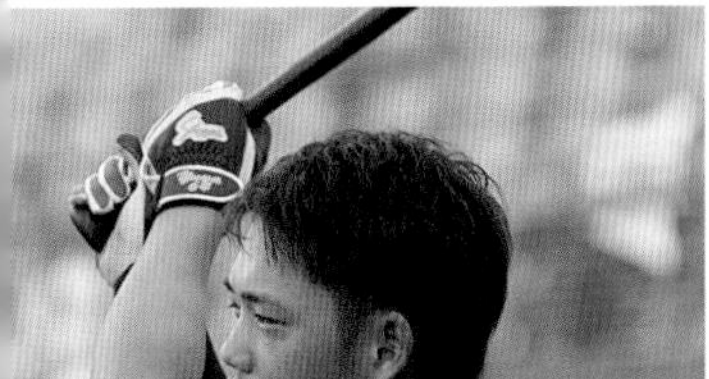
TANIGUCHI

32

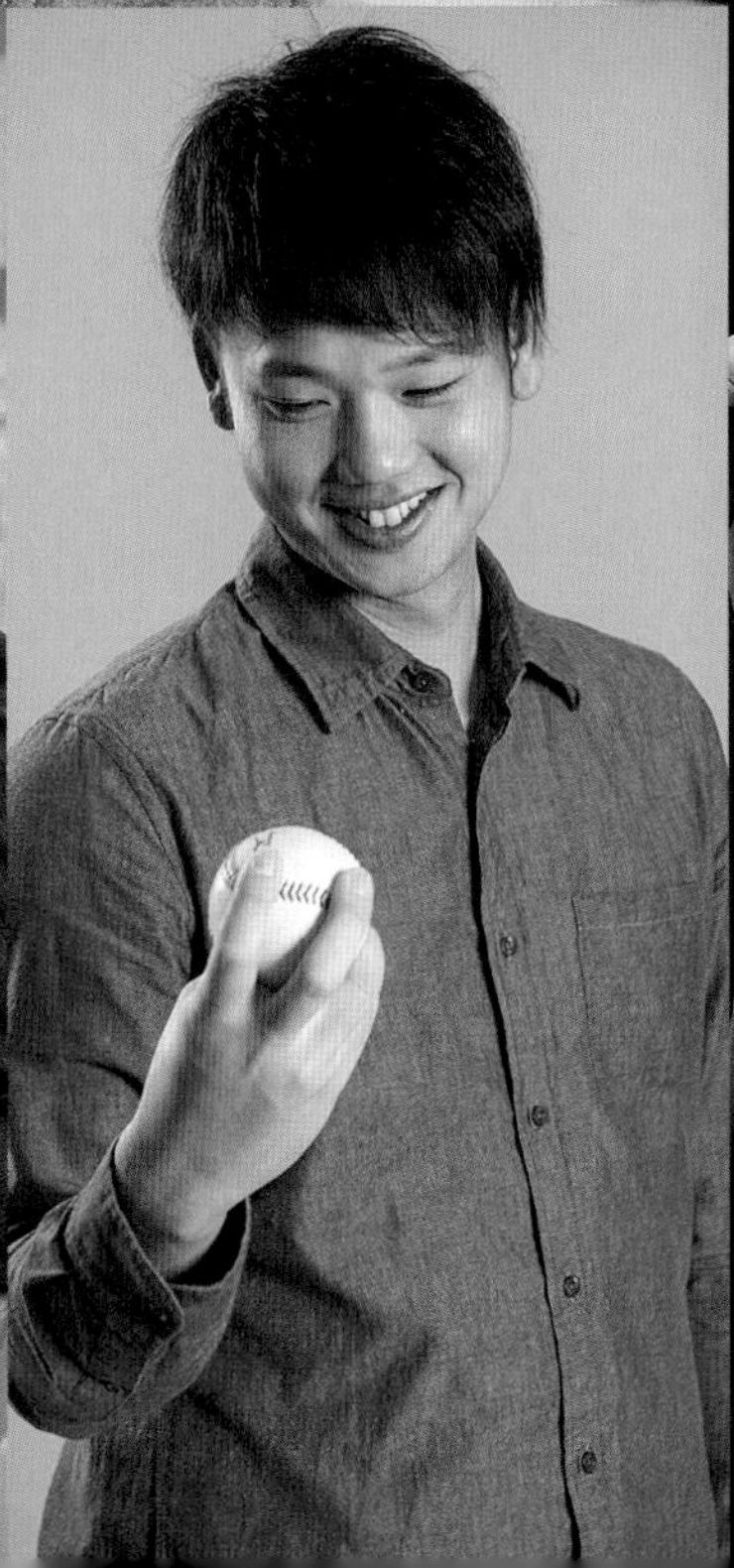

YUYA TANIGUCHI MESSAGE BOOK

谷口雄也

メッセージBOOK

―覚悟を力に―

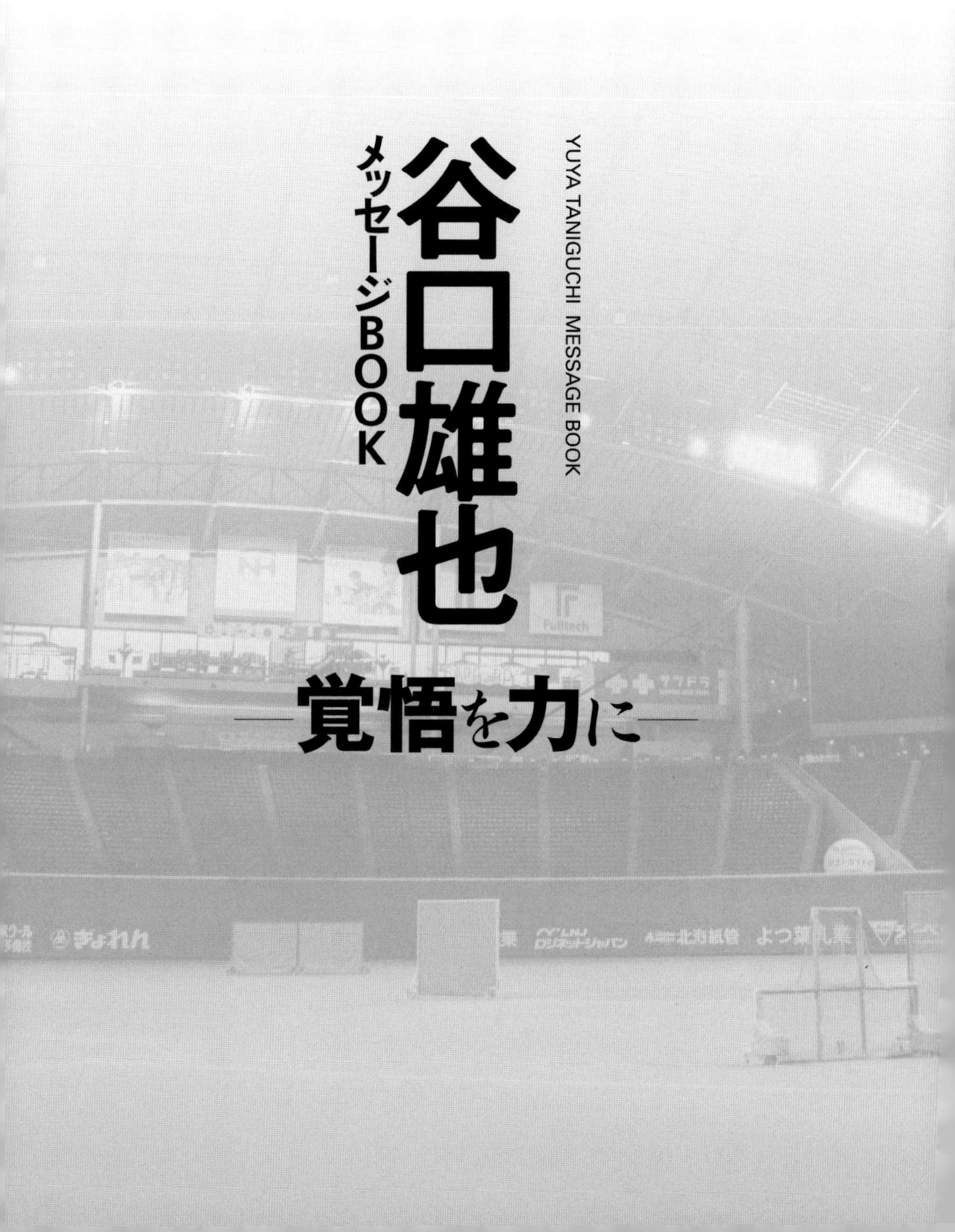

まえがき

アイドル野球選手――。僕には以前、そのように見られていた時期があります。

2019年が終わった段階で、僕のベストキャリアは16年シーズンの83試合出場、打率2割5分4厘、1本塁打、9打点、7盗塁。実績に対して、メディアに取り上げてもらった回数が多かったことは確かです。

でも、僕は気にしていません。結局のところ、プロは実力勝負の世界です。とくに、監督に「この選手を起用してみたい」「この選手は試合に勝つために必要だ」と認めてもらわなくては、一軍のベンチに居続けられません。それは、20年シーズンでプロ入り10年目を迎える身にもなれば、自分の現状も含め、痛いほどよくわかります。

17年春に右ヒザの手術をして、ここ数年は、「1年1年、勝負だと思わなくては」「自分のスタイルを変えるべきかも」「先発出場にこだわらず、様々な役割をこなして一軍に定着したい」といった、現実に対する覚悟もするようになりました。

そして、そうした覚悟を逆に力に変え、ファンのみなさんからいただいた多くの声援も支えにして、決意を新たに前へ進もうとしています。そんな僕が歩んできた野球人生について、この本を通じてみなさんに少しでもご紹介できればと思います。

プライベートに関しても、できる限り活字にするよう努めました。休みのときは、ジャージや短パン姿のまま、1日のんびり部屋ですごすことが多いです。高価な服やアクセサリーなどを必要以上にたくさん買い込んで自分を着飾ったりするのは、まったく性《しょう》に合わない。アイドルでもなんでもなく、実際の姿は、ただただ野球が好きでプロになり、うまくなりたくて、一軍で活躍したくて練習している1人のアスリートであることがわかってもらえるのではないでしょうか。

また、先ほどお話しした右ヒザの手術のあと、リハビリから本格的な実戦復帰を果たすまでには思いのほか長い年月がかかり、本書の制作期間も3年以上に及びました。そのため、少し前の写真もありますが、当時の僕の姿も見ていただきたいと思い、そのまま掲載しました。ぜひ、ありのままの「谷口雄也」を知ってもらえたらうれしいです。

谷口雄也

目次

Contents

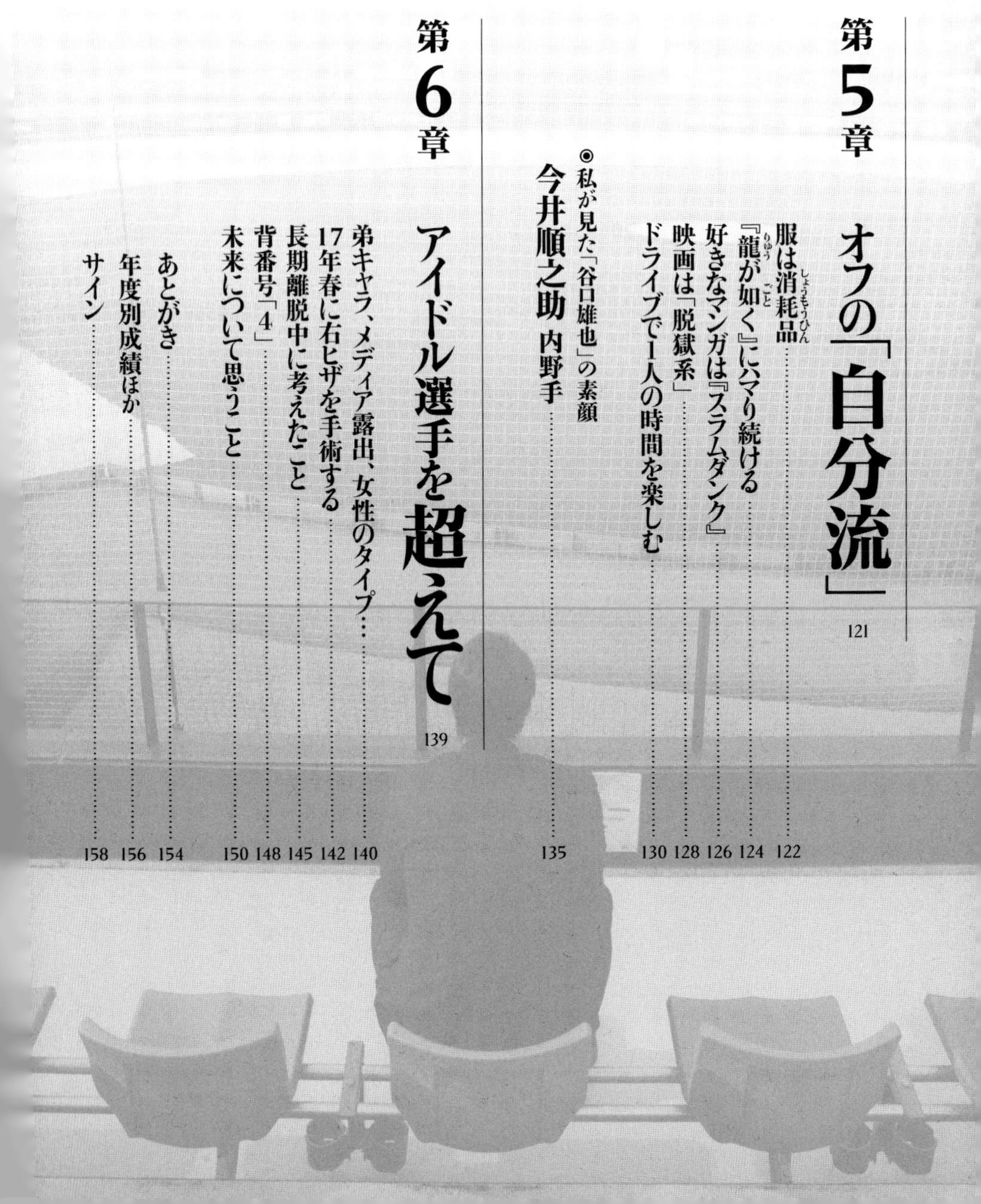

第1章 生粋《きっすい》の野球少年

久しぶりの感慨

２０１９年7月31日、北海道日本ハムファイターズ対東北楽天ゴールデンイーグルス戦。僕は所属するファイターズの本拠地・札幌ドームで、15年9月20日以来となるヒーローインタビューを受けました。

試合で出番が来たのは、７回裏です。相手の先発投手・則本昂大《のりもとたかひろ》さんを打ちあぐみ、1対3とリードされていたファイターズでしたが、この回に打線がつながると同点に追いついて則本さんをＫＯ。投手がフランク・ハーマンに代わったあとも攻め込み、二死二塁という場面で、栗山英樹監督が代打として僕の名前を球審に告《つ》げました。

僕にとっては、数少ないチャンス。しかも、打率1割台から抜け出せず苦しんでいたとはいえ、将来のスラッガー候補である清宮幸太郎《きよみやこうたろう》の代打です。プレッシャーもありましたが、すぐに気持ちを切り替え、腹を決めて打席に入りました。

そして、迎えた2球目。ハーマンが得意とするナックルカーブが外角低めに大きく曲がり落ちて入ってきたところを、体がうまく反応してボールをとらえました。フワッと上がった打球はレフト線に落ちて、勝ち越しの二塁打になったのです。

16年に自己最多となる83試合に出場していた僕は、翌17年に右ヒザの前十字靭帯《ぜんじゅうじじんたい》の手術（再建術）をして、シーズンを棒に振りました。18年に状態は回復しましたが、ずっと二軍暮らし。一軍に呼ばれたのは9月28日のことでした。19年のシーズンは開幕メンバーに入ったものの早々に登録抹消《まっしょう》となり、5月10日に一軍に昇格。12日には久々にホームランも打ちましたが、3月に故障離脱していた清宮が一軍復帰したのと入れ替わりで、5月25日にまた二軍へ。7月10日に再度一軍昇格を果たしましたが、チームの勝利に貢献する機会が得られず、もどかしい思いをしていました。

そんなモヤモヤが一気に吹き飛ぶ一打が出たことで、二塁ベースに達した瞬間、無意識に大きなガッツポーズをしてしまいました。

「やっと今日、貢献したなという結果、今このお立ち台にいるので、それまで長かったなと思いますけれども、本当にうれしいです」

ヒーローインタビューでそう話したとき、声を発するまでに少し時間を置いたのは、「本当にずいぶんかかってしまったな」という実感がとらせた「間《ま》」でした。

これだけ時間があいてしまうと、ファイターズを応援しているファンのみなさんの中にも、僕のことを「どんな選手か知らない」という人がいるかもしれません。

しかし、それは困ります(笑)。僕もまだまだみなさんからの応援にあと押しされて、一軍で活躍したいですから。そこで、谷口雄也という人間を知ってもらうために、まずは僕が幼少のころから歩んできた野球人生について紹介していこうと思います。

兄と張り合いながら成長した小学生時代

僕の生まれは三重県の四日市《よっかいち》市です。工業都市として知られていますが、実際には山もあれば、街《まち》もある。そんな風景の中で育ちました。

幼少のころは体を動かすのが大好きで、暗くなるまで外で遊ぶ毎日でした。父が高校時代にサッカーをしていたこともあり、僕も幼稚園のころはサッカーをしていましたが、小学校1年生のときに3歳上の兄がプレーしていた四郷《よごう》少年野球クラブに入団しました。練習は月、水、金の1日おき。土日は試合です。場所は学校のグラウンドでしたが、平日は授業終了後に一度帰宅し、ユニフォームを着て学校に戻っていました。

実を言うと、僕、最初は左投げだったんです。なぜなら、家にあったグラブは右利き用と左利き用の2つしかなかったから。右利き用は無条件で兄が使うため、残りの左利き用のグラブを僕が使うしかなかったのです。でも、いざチームに入る際、いろいろなポジションを守りたいと思い、見よう見まねで右投げを覚えました。

また、チームに入るにあたって、父から「野球を本格的に始めるなら、道具を大切にしなくてはいけない。グラブは自分で買いなさい」と言われたので、自分でスポーツ店に行き、気にいったグラブをお年玉で購入。おかげで、そのグラブは大切に扱い、長持ちさせました。

チームに入ってすぐのころはほかに同学年の子がいなかったので、上の学年に混ぜてもらっているという感じでした。そして、2年生になると本格的に試合に出るようになります。最初に守ったのは、確かセカンドだった気がします。実際に打球が飛んでくると、「球が速い！」「打球が怖《こわ》い！」「当たると痛い！」で嫌《いや》になってしまい、「おなかが痛い」と嘘《うそ》をついて試合に出なかったこともありましたね。

でも、それなりにグラブやバットには毎日さわっていたので、次第に慣れてきて、しっかりとプレーできるようになっていきました。

小学生時代の成績は、お世辞《せじ》にも良いとは言えなかったです。ただ、通信簿の評価は、◎、○、△の3段階で、△がついた教科は6年間で1つもありませんでした。

習い事は野球だけです。兄は教材の問題を自力で解いて先に進める「公文式《くもん》」をやっていたので、僕も「やりたい」と母に頼みましたが、「やらなくていい」と。僕は前日に出た宿題を当日朝にやるようなタイプだったので、長く続かないと思ったのかもしれません。

僕と兄は、お互い張り合いながらも、普通に仲良しだったと思います。兄は僕よりも体が大きくて、ボールを遠くへ投げたり、打球を飛ばしたりすることに秀《ひい》でていましたね。チームではキャッチャーでクリーンアップを打っていました。一度、チームの練習中に僕がランナー、兄がキャッチャーとして本塁でクロスプレーになり、兄が手の指を骨折したことがあります。そのときは、言い合いになってギクシャクしましたけれども、時間がたつとともに、いつのまにか仲直りしていました。

家では、夜になるとプロ野球中継をよく見ていました。放送されていたのは、ほとんどが読売ジャイアンツの試合です。そのせいでしょうか。僕は当時、巨人ファンでした。とくに高橋由伸《よしのぶ》さん（元巨人、元巨人監督）が好きでしたね。ホームランも打てるし、打率も高い。強肩で守備もうまくて足も速いオールラウンダー。今考えると、自分のプレースタイルとして知らず知らずのうちに由伸さんを追いかけているところがあったかもしれません。

ただ、家で巨人ファンだったのは僕だけでした。兄はなぜか横浜（現横浜ＤｅＮＡ）ベイスターズファン。そして、父は阪神タイガースファン。バラバラでした。余談ですが、17年にベイスターズが日本シリーズに出場したとき、兄はすごく喜んでいました（笑）。

ほかに見ていたテレビ番組や好きだったアイドルなどは、全然思い出せません。

要するに、僕は野球少年以外のなにものでもなかったのだと思います。雨で野球が中止になると、その日なにをしたらいいかわからず、暇《ひま》を持て余すほどでした。

実はプロになってから、いや、今でも降雨などによって練習や試合がなくなると、「今日1日、どうしたらいいの?」となることがあります。変わっていませんね。

強豪チーム「四日市トップエース」へ

野球少年として成長していった僕は、学年が上がるごとにチームの主軸になっていきました。打球が飛ぶようになると、練習をしていた四郷小学校のライト側にある校舎のガラスを割ってしまい、母と一緒に校長先生のところに謝りに行ったこともあります。

以後は、できるだけレフト側に打つ意識を持つようになりました。僕が逆方向に打つのを得意としているのは、このときの意識が影響していると思います。

ただ、僕の成長に反して、チームは厳しい状況になっていました。小学6年生のときに、人数が全学年で11人に減ってしまったのです。試合では1年生の子まで出場しなくてはならず、さすがに試合になりません。当時は年間で70試合くらいやっていたと思いますが、最終的に10勝したかどうかという負けっぷりでした。

そこで、父や母からも「強いところに行くべきではないか?」という話になり、6年生の夏休みにあるチーム最後の「秋の大会」まで頑張《がんば》ったあと、僕は別のチームに移る決心をしました。

新たに入ったのは、東海地区では硬式の名門として知られるボーイズリーグの四日市トップエース(現・四日市ボーイズ/トップエース)。硬式チームを選んだのは、すでに中学生だった兄が軟式の野球部でプレーしていたからです。僕は、兄とは違う硬式でやろうと。あくまでも、兄に張り合う弟でした(笑)。

秋に入った四日市トップエースは、それまでの軟式チームとは、なにもかもが違いました。まず、選手がみなうまい。数年後に、「あのときがいちばん強かった」と言われるほどいい選手が揃《そろ》っていました。同級生には、のちに中京大中京高校のエースとして全国制覇を果たす森本隼平《じゅんぺい》(法政大学でもプレー)や、三重高校で5番・一塁手として甲子園に出場した谷川航太郎《たにがわこうたろう》(同志社大学でもプレー)などがいましたからね。僕が入る前には、ボーイズリーグ小学生の部の夏の選手権とジャイアンツカップで全国優勝を果たしていました。

それだけに、練習は軟式チームと比べると、3倍くらいしんどかったですね。ダラダラ感がなく、キビキビしていました。僕はほどなく3番か5番でショートかピッチャーを務めるようになり、翌年3月、小学生として最後となる大会に出場しました。軟式組が加わったチームとしては初の大会だったので、プレッシャーも感じましたが、2月の支部予選から入って、最終的に全国優勝することができました。このときに、初めて勝つ喜びを知ったと思います。

でも、この大会のあと、森本や谷川は中学に上がるタイミングで別の硬式チームに移ってしまい、バラバラになってしまいました。僕は中学でプレーするのを前提として四日市トップエースに入りましたが、元いたメンバーの中の何人かは以前から移ることを考えていたようです。森本が移ったのは、同じ支部の桑員《そういん》ブルーナイン。のちに、支部予選で必ずと言っていいほど対戦し、負けてしまうことも多くて悔《くや》しい思いをすることになります。

中学時代から野球のスタンスは今と変わらない

中学時代の僕の選手としてのイメージは、大きい当たりも打てれば、小技もできるようなタイプでした。ほぼ現在に近いスタイルだったと思います。

2年の春、四日市トップエースは支部大会を勝ち上がり、大阪で開催されたボーイズリーグの全国大会で準優勝となりました。このときは、準優勝よりも、決勝で負けたことが悔しかった。僕がピッチャーとして先発したのですが、7回を終わって3対3の同点で、延長戦に突入。僕はそこでマウンドを降りました。ボーイズリーグには投球イニングの規定があり、1日7イニングしか投げられなかったのです。結局、リリーフした3年生のピッチャーが打たれてサヨナラ負け。先輩を責めるつもりはありませんが、まだ余力はあっただけに残念でした。また、この年の夏はボーイズリーグ以外に、すべての団体の代表チームが集まって開催されるジャイアンツカップにも出場。初戦で茨城県の竜ケ崎《りゅうがさき》シニアに1対7で負けましたが、このとき、今はファイターズでチームメイトの西川遥輝《はるき》のいた和歌山県の打田《うちだ》タイガース（ヤングリーグ）と練習試合もしました。そのことについては、第4章で詳しく話します。

2年のときにこれだけの成果をあげたので、最上級生でも期待されましたが、中学最後の大会はなぜか全然ダメ。僕自身は、チームの副キャプテンを務めました。でも、自分から先頭に立ってグイグイ引っ張るようなタイプではなかったです。

中学時代は体の成長に大きく影響しますが、僕はよく食べました。牛乳は小学生のころからそうでしたが、毎日1リットルは飲んでいました。兄もそうでしたので、冷蔵庫にはいつも牛乳が3パックはありましたね。お米も10キロが2週間でなくなってしまうほど。おなかがすいたら兄と2人でごはんの入ったおひつを出して、ふりかけをかけ、しゃもじをスプーン代わりに食べていたほどでした。

とにかく嫌いな食べ物がありません。実はこれには理由があります。僕と違って兄はけっこう好き嫌いがあり、「これ、いらねー」などと言うと、母親が「もう、食べんでいい！」と途中で下げてしまっていました。それを横目で見ていた僕は、「ちゃんと食べないと……」となる。そういうところは、典型的な次男・末っ子でしたね（笑）。

おかげさまで、中学時代には身長が1年間で10センチ伸びました。いつでも食べられる環境にしてくれた両親には、感謝しかありません。

中学では、四日市トップエースでの練習が平日にも個別ながら行われていたので、部活には入りませんでした。ただ、ちょうどそのころ、父の勤め先の関係から引っ越したばかりで、家から学校まで自転車で片道30～40分くらいかかりました。あの自転車通学は、今考えると良きトレーニングだったと思います。

中学時代に彼女は、いちおういたことになる……のかな（笑）。でも、彼女も部活に入っていたので、部活のないテスト期間などに一緒に帰るくらいです。そんな甘い話もありましたが、実際のところ、僕は中学時代も野球漬《づ》けでした。

愛工大名電へ進む決心をする

中学1年生のとき、四日市トップエースの3歳上の先輩で、愛知工業大学（愛工大）名電高校でプレーしていた柴田章吾《しょうご》さん（のちに、明治大学、巨人にも在籍）が練習に来たことがありました。打ってもすごいし、投げてもすごい。僕にとってはまさにレジェンドでした。

また、もう1学年上の先輩で、堂上直倫《どのうえなおみち》さん（現中日ドラゴンズ）が中心のときにキャッチャーとして05年に春の選抜大会（センバツ）で優勝を経験した小澤一起《おざわかずき》さん（国際武道大学、日本通運でもプレー）には、優勝メダルを見せてもらったことがあります。「格好いいなぁ。すごいなぁ、愛工大名電。強いんだな」と感激したのを覚えています。

ほどなくして、そんな愛工大名電から、チームを通じて僕に誘いが来ました。中学1年のころでしたから、どこよりも早く声をかけていただいた格好です。

優勝メダルに感激して、早くから声もかけてもらった時点で、僕の心はほぼ決まったようなものでした。

でも、少し気になったので、入学が決まってから、「ほかにどこからお誘いがあったんですか？」と監督に聞いたことがあります。すると、実は多くの強豪高校から話が来ていたというから、驚きでした。ほかの学校へ行っていたら、どうなっていただろう？　今になると、そう思うことがあります。

私が見た「谷口雄也」の素顔

COLUMN

ATSUNORI INABA

稲葉篤紀

北海道日本ハムファイターズSCO
=スポーツ・コミュニティ・オフィサー

「自ら自主トレ参加を直訴《じきそ》してきた、礼儀正しい後輩」

雄也とは年齢にして、ちょうど20歳離れているんですよ。歳《とし》の差はありますが、彼は愛工大名電高校の出身で、僕は中京大学附属中京高校の出身。同じ県の高校を出ていると仲間意識が強く芽生えるので、雄也がファイターズに入団してきたときから親しみを感じていました。

初めて雄也に会ったときは、「体が大きいな」という印象です。顔は優しいですが、とくに下半身のお尻まわりが大きくて、少し驚いた記憶が残っています。

ただ、それ以降、僕は一軍、雄也はファームですごしていたので、しばらくのあいだ、関わる機会はなかったですね。春季キャンプのときや、僕が調整で鎌ケ谷《かまがや》に行ったときくらいしか、彼を見る機会はありませんでした。このころは、話をしたこともほとんどなかったと思います。

それだけに、雄也が初めて一軍に上がってきたときは、僕の中で「ついに上がってきたな」という心境でしたね。プレーを見るのが、すごく楽しみでした。

僕と雄也の距離が一気に縮まったのは、オフの自主トレを一緒にするようになってからでしょう。僕はヤクルトスワローズ時代に辻発彦《つじはつひこ》さん（現埼玉西武ライオンズ監督）と出会ってから、辻さんの出身地である佐賀県で、毎年、自主トレを行っていました。すると、ある年のチームの納会で、雄也のほうから「一緒に行かせてください」と願い出てきたんです。先輩に対して、よく自分から勇気を持って言ってきたなぁと、感心しました。

最初に述べたとおり、僕も雄也のことは入団時から気にとめていて、彼がどんな性格なのか知りたかったので、遠目《とおめ》から観察していたところはあったんです。その感じだと、大変礼儀正しいし、人の話もしっかりと聞く姿勢がある。だから、「これなら、辻さんにお願いして自主トレに連れていけそうだな」と思っていた矢先でした。まさに、タイミングが一致した形になったので、辻さんにすぐ電話を入れて快諾《かいだく》をいただき、雄也も参加することになったのでした。

その後は、雄也も一軍にいることが多くなり、バッティングや、試合での1つのプレーなど、様々な話をしました。夜にほかの選手も誘って、何人かで食事に行くこともありましたね。雄也は僕のことを、兄貴のように慕《した》ってくれました。もちろん、先輩・後輩ではあるので気をつかっていたところもあるでしょうが、気心の知れた間柄になれたと思います。

そうなれば、野球以外の話もするようになります。僕はどちらかというと世の中の流れに疎《うと》いほうだったので、例えば、携帯電話の機能について、雄也に「こういう使い方がありますよ」と教えてもらったこともありました。

僕が現役時代に、雄也と一緒にプレーをしていた中で覚えているのは、試合後に彼が悔《くや》し涙を流していたときのことです。試合には勝ったんですが、雄也は守備で大きなミスをしていました。そのとき、どんな会話をしたかは覚えていませんが、僕は多くの言葉はかわさず、彼の頭をポンポンと軽く叩《たた》いて慰《なぐさ》めた記憶があります。雄也も当時はまだ若かったですから、そうした悔しい思いをすることで、1つひとつ勉強になっていったと思います。

雄也のプレーヤーとしてのいちばんの魅力は、広角に打てるバッティングでしょう。バットコントロールが非常にうまい。彼の打席を見ていると、きっと三振するのがいちばん嫌《いや》なのでしょうね。追い込まれても、簡単に三振はしません。そのうえ、しっかりとボールをとらえれば、長打もあります。守備も意欲を持って取り組んでいますし、体が大きいわりに足も速いです。

ここ数年は、右ヒザの手術の影響で思うようにプレーできない期間が続きましたが、ある程度復調してきたようなので、2020年は年齢的にも勝負をかけるべきシーズンだと思います。なによりも、まずレギュラーにならないといけません。目指すところはそこでしょう。

20年1月に、佐賀で辻さんの後援会が主催する激励《げきれい》パーティーに僕も雄也も出席したのですが、彼はシーズンに向けた抱負として、「東京オリンピックの代表メンバーに選ばれるよう頑《がん》張《ば》ります」と挨拶《あいさつ》していました。もちろん、「侍ジャパン」の現職の監督である僕が、この場でなにかを言うことはないですが、目標を高く持つことはいいことです。そのくらいの意気込みで、これからの野球人生、1日1日悔《く》いの残らぬように挑んでくれることを願っています。

FIGHTERS
16
19
YEBISU
ニトリ
ホクレン

第2章
「趣味=野球」の成長期

自由な時間がほとんどなかった寮生活

2008年春。僕は愛工大名電高校の門をくぐりました。入学前の体験練習に参加したときは好印象でしたが、実際に入ると一転して、違うものになりました。

まず、グランドに隣接する寮に入ったときの衝撃はすごかった。2階の大きなひと部屋にざっと50人。全学年が入ります。2段ベッドがズラーッと並んでおり、上下合わせると8人が向かい合わせになる形です。大変失礼ながら、どこかの監獄か収容所を想像してしまいました。

1階には食堂と野球のロッカーがあって、2階には寝室のほかに机が並ぶ勉強部屋がありました。3階はウエイト場です。テレビは食堂に1台、あとはストレッチができる和室に1台あるだけでした。外出できる機会もほとんどありません。携帯電話も禁止です。でも、僕は「強いところは、みなそうだろう」と覚悟していたので、やめたいとか逃げ出したいと思ったことはなかったです。

こうして始まった新生活は、朝6時の起床がスタートでした。6時半になると、寮のある春日井市《かすがいし》から名古屋市千種区《ちくさ》にある学校までジャージ姿で走って登校します。途中、ナゴヤドームを見ながら、だいたい1時間くらい。距離にして12～13キロ程度でしょうか。これを2年半、雨の日でも欠かさず続けました。ちなみに、着替えや荷物は、野球部専用のバスに積んで運んでもらっていました。

そして、16時までしっかり授業を受け、帰りはバスで戻ると、17時から専用グラウンドで練習です。でも、19時～19時半には夕食になるので、その前に練習は終了。名門校ながら、全体練習の時間は少ないほうではないかと思います。

ただ、食事のあと、就寝となる22時～22時半ごろまでは忙しいです。このあいだに、個人練習、洗濯《せんたく》、風呂。学校の宿題もあれば、しなくてはなりません。

倉野光生《くらのみつお》監督は、「朝早く起きるのはいいけど、夜はしっかり寝なさい」という方針だったので、やりきれなかったことは、翌朝に早起きしてすることもよくありました。早い人は朝4時半くらいから起きていましたね。もちろん、練習ができる者は練習です。朝はティー打撃やマシン打撃などをしていました。

寮での日常生活では、全部員をグループ分けして、当番制にしていました。洗濯当番であれば、洗濯物をまとめて洗濯機を回す。「干《ほ》すのはそれぞれがやる」というスタイルです。昔の名門校などでよく聞かれていたような、雑用を後輩が全部やらなくてはいけない、という形ではなかったです。

寮のとなりには監督の自宅があり、食事は監督の奥さんが作ってくれていました。部員にも炊事《すいじ》当番がいて、料理や配膳《はいぜん》、片づけなどを手伝いました。

食事の量については、無理して「食べろ、食べろ!」ということはなかったですが、「1年生は必ず、ごはんのおかわりをしないといけない」など、細かいルールはありました。でも、僕はそもそも食べることをまったく苦にしませんので、むしろ喜んで食べていました。

土日や祝日については、ほとんどが練習試合だったので、スケジュールは日によってまちまちです。また、春、夏、秋と、季節ごとに開催される公式戦の大会で勝ち進んでいるあいだは、試合に向けた練習や調整に明け暮れていました。

ここまで読んでいただいた時点で、気づいた方も多いと思います。そうです。愛工大名電での生活に、休みという日はほとんどなかったのです。自宅に帰れる日は、1か月に1回程度、設けられていただけでした。

とはいえ、この帰宅日は平日です。学校の授業は、しっかり16時まであります。しかも、野球部はこの日に教室の掃除《そうじ》をする慣例がありました。というのも、普段は授業が終わると、すぐに練習に向かわせてもらっているため、掃除はほかの生徒がしてくれていたのです。せめてこの日だけは……という事情によるものでした。

僕の実家は三重県四日市市のため、それから電車で家に向かっても、着くのはもう18時ごろになっていました。どこかに遊びに行く時間などはありません。家族への顔見せと、夕飯を囲んで食べて、ゆっくりと眠るために家に帰るようなものでしたね。あと、携帯電話を家に残しているので、メールをチェックすると、いつもムチャクチャたまっていました(笑)。返信するのが大変だったということが、良き思い出になっています。

高校では、こうした生活が3年間続きました。愛工大名電の大先輩であるイチローさん(元シアトル・マリナーズなど)が「1億円もらっても戻りたくない」とコメントしているようですが、僕も同じかな？　正直なところ、また同じ生活をするのは厳しいですね（笑）。

ただ、誤解してほしくないのは、そうした野球漬《づ》けの生活の中で、チームメイトと苦楽をともにしたことは、僕の人生で貴重な財産になったということです。

それに、僕たちを支えてくださった監督の奥さんをはじめとする家族の方々には、本当に良くしてもらいました。感謝は尽きませんね。

プロを意識して外野手へ転向

愛工大名電に入学した早々の春の大会から、僕はベンチに入り、試合にも出させてもらいました。最初のポジションはファーストです。今でこそ外野手ですが、僕は2年の夏までは内野手でした。

先輩方は厳しいときもありましたが、普段の上下関係はむしろ緩《ゆる》やかだったと思います。僕が1年生で試合に抜擢《ばってき》されたからといって、やっかまれるということもなかったですし。それどころか、3年生の方々には良くしてもらいました。

1年の夏が終わって3年生が引退すると、新チームでは、最初、ショートを守りました。その後、サードに入っていた時期もありましたが、最終学年としてスタートした2年の秋に外野に移ることを決意しました。

実は、僕の同級生に、中学時代の四日市トップエースから一緒に愛工大名電に入った内野手がいたんです。彼は実力があるけれど、それまであまり試合に出られていませんでした。だから、僕が外野に行けば、彼がショートで出られる。そのほうがチームとしてもいい形になると思いました。そこで、監督に直訴《じきそ》したのです。

「この先を考えると、プロでやるなら打つほうで頑張《がんば》らないといけない。だから、外野に行かせてください」

同級生のチームメイトにショートを任せたい。でも、それをそのままお願いするよりは、こう言ったほうがきっと認めてもらえる可能性が高い。そう思ってのセリフでしたが、僕自身、すでに「本気でプロに行きたい」という気持ちが心の中に芽生えていたのです。この直訴は監督に了承され、以後、僕は外野手となりました。

1回くらいは甲子園に行けると思った甘い考え

愛工大名電は、19年までに春夏あわせて21回の甲子園出場を誇る愛知県の名門です。04年にセンバツ準優勝、翌05年のセンバツでは優勝して頂点を極めました。アウトカウントや走者の有無に関係なく、ほぼ全球で一度はバントの構えをする徹底したバント戦法で一世《いっせい》を風靡《ふうび》したのを覚えている人も多いと思います。その後も、初戦敗退ながら3年連続で夏の甲子園に出場していたため、僕も「1回くらいは甲子園に行けるだろう」と思っていました。

しかし、結果から言うと、僕が在学していた3年間は一度も甲子園に行くことはできなかったのです。野球好きの人ならご存じだと思いますが、愛知県は180を超える参加校がひしめく激戦区。僕のいた愛工大名電に中京大中京、東邦、享栄《きょうえい》を加えた「私学4強」を中心に甲子園を狙《ねら》える高校が数多く存在し、簡単に勝ち抜けるような環境ではありません。

当時、最も強力なライバルだったのは中京大中京です。1年上の堂林翔太《どうばやししょうた》さん（現広島東洋カープ）の代に、夏の甲子園で全国制覇《せいは》を果たしています。そのときは、四日市トップエースで一時期チームメイトだった森本隼平も堂林さんに続く2番手投手で活躍。優勝を決めたときは、堂林さんをリリーフした森本がマウンドにいました。そして、2人の投球を受けていた捕手は、僕と同学年の磯村嘉孝《いそむらよしたか》（現広島）でした。そのうえに、東邦や享栄も立ちはだかるわけです。

享栄は実績的にはやや低迷気味でしたが、僕の2歳上には東京ヤクルトスワローズに入った左腕の八木亮祐《やぎりょうすけ》さん（のちに、オリックス・バファローズにも在籍）がエースとして活躍し、復活の兆《きざ》しを見せていました。2歳上の代は、私学4強以外にも、桜丘《さくらがおか》に中川大志《たいし》さん（元東北楽天、横浜DeNA）、横須賀《よこすか》に福谷浩司《ふくたにこうじ》さん（現中日）、成章《せいしょう》にはライアンこと小川泰弘《やすひろ》さん（現東京ヤクルト）と、逸材揃《いつざいそろ》い。今、思うと、えげつないピッチャーばかりでした。

僕の高校3年間の大会では、要所で中京大中京、東邦と対戦しました。その中で、2年時（09年）の春季愛知大会準決勝で中京大中京と対戦したときは、堂林さんの故障などもあって勝つことができました。そして、決勝でも東邦を下して、東海大会に進出したのです。これが、僕にとって高校時代のベストキャリアになります。

でも、夏の愛知大会では、1年のときに東邦（準々決勝）、2年では中京大中京（準々決勝）、3年のときは再び東邦に敗れ（5回戦）、甲子園への道を絶たれました。

チームメイトの死

僕の高校生活において、つらいですが避けて通れない話があります。野球部の同級生だった徳浪康介《とくなみこうすけ》が事故で亡くなったことです。2年生のときの2月でした。

学校では修学旅行を数日後に控えていて、野球部員も参加することになっていたんです。朝の点呼《てんこ》のとき、康介と「修学旅行、もうすぐだな」と話をしたのを覚えています。

ただ、そのときほんの一瞬、「康介、大丈夫かな？」と思ったんです。2月の朝6時はまだ外が真っ暗なのに、彼が黒いジャージを着ていたからです。それは、康介のいつもの服装ではあったんですけど、この暗さでは目立たないかも、と。当時は、学校へ行く準備ができた者から荷物だけバスに預け、各自が自由に堤防沿いの道路を走って学校へ向かっていました。自動車も走っている道路なので、危ないかもという思いが頭をよぎったのです。それが、まさか現実になるとは……。

僕が荷物を置くためバスに乗っていたときに、先に出発していたはずの後輩がバスに乗り込んできて、「徳浪さんが事故にあいました！」と報告してきたのです。監督はすぐに現地に急行し、僕らはとりあえず学校へ。授業が終わると、僕の学年の野球部員は、全員すぐに病院へ直行しました。

病院へ到着したとき、康介はＩＣＵ（集中治療室）のベッドで寝ている状態でした。でも、それからほどなくして息を引き取ったのです。事故現場では車のフロントガラスがバリバリに割れていて、康介は土手の下まで落とされていたそうです。ブレーキを踏んだ跡もなかったとのことで、やはり運転手が康介に気づかなかったのだと思います。本当に悔《く》やんでも悔やみきれない事故でした。

友人を失ったショックは、言葉にできないものがありました。チームとしても計り知れません。修学旅行は自粛《じしゅく》となり、野球部としての活動もしばらくは停止しなくてはならない。そういう空気が自然と湧《わ》き上がっていました。

ところが、それについては、康介のご両親が反対しました。

「野球をやりたくてもやれない人はたくさんいます。野球がしたい子たち、野球が好きな子たちのためを思って、みなさんは元気に野球をやってほしい」

この言葉に倉野監督も、「そこまで言っていただけるのなら……」と腰を上げ、「みんなで康介を甲子園に連れていこう」と、野球部は活動を再開したのです。

ところが、いざ練習を始めたものの、最初の10日ほどは、まあ、動きが悪かったですね。ただ、やっているだけという感じ。元の状態に戻るには、時間が必要でした。

キャプテンになる

それまではチームの副キャプテンだった僕が、「キャプテンをやれ」と監督に言われたのは、練習再開後、春の大会が目前に迫ってきたころでした。

僕はもともと、自分から先頭に立って引っ張るのではなく、少し外側から俯瞰《ふかん》しているようなタイプでした。そのため、指名されたときは戸惑《とまど》いました。

でも、今までのスタイルを急に変えたところで、劇的にどうにかなるものでもありません。だから、3年生を全員呼んで、こう話しました。

「俺がキャプテンだとしても、全員でチームを作ればいいと思う」

僕の代の同期はレギュラーの選手が少なく、下級生が主体です。そこへ、僕が急に上から抑え込むようなキャプテンに豹変《ひょうへん》することで、下級生にプレッシャーをかけたくない。また、試合に出られない3年生が、下級生を恨《うら》んだりして、つまらない問題を起こしたくもありません。

「お前らの気持ちも背負って試合に出るから。チームのサポートを頼む」

ベンチメンバーから外れた同期には、覚悟を決めてそう話しました。これが僕のできる精一杯のキャプテンシーでした。また、純粋にチームの戦力として、主戦投手の1人だった康介がいなくなったことで、試合で投げられる投手が足りなくなってしまったのも大きな痛手でした。そのため、中学以来マウンドに上がったことがなかった僕がピッチャーとしても準備することになったのです。ピッチング練習を始めたのは、春の愛知県大会が終わったあとの5月末ごろだったと思います。

春の大会の我が校は、康介のショックからチームが立ち直りきれなかったこともあり、すでに愛産大工業高校に初戦敗退を喫《きっ》していました。そのため、7月初旬から始まる夏の大会は、ノーシードから出場することが確定しています。本番まであと1か月程度しかない。僕は練習試合で一、二度、短いイニングを投げただけの「ぶっつけ」で挑《いど》むことになりました。

サヨナラでコールド負けした最後の夏

こうして、この年（10年）の第92回全国高等学校野球選手権愛知大会が開幕しました。高校最後の夏です。全員、ユニフォームの左袖《ひだりそで》に喪章《もしょう》をつけ、「康介と甲子園に行く」が合言葉でした。愛工大名電は1回戦からの出場ながら、初戦をコールド勝ちで勢いづくと、その後の試合も相手を寄せつけないスコアで勝ち進みました。

そして5回戦であたったのが、ライバルの東邦です。僕が2年の春の県大会では決勝で勝ちましたが、1年のときは夏の準々決勝で大敗しています。そのときの2つ上の先輩のためにも、そして、自分たちのためにも突破しなくてはならない一戦でした。

しかし、愛工大名電は初回に2点を先制したものの、3回裏には大量5点を奪われて逆転を許してしまいます。その後、両者ともミスで走者を塁ににぎわす打撃戦になりましたが、7回裏までに5対11と引き離されました。もう1点取られると7点差となり、規定でコールド負けとなる正念場《しょうねんば》です。3番・センターでスタメン出場していた僕は、2回裏に一度、エース左腕の上之園北都《うえのそのほくと》を緊急リリーフしてから、センターに戻っていましたが、後続の投手が押し出し四球を出して引き離された5回裏に、再びマウンドに上がりました。

公式戦でピッチャーを努めるのは、中学以来のことでしたが、急造であることを理由にするつもりはありません。球速は、いっても130キロちょっとくらい。肩の強さに自信があるわけでもなかったので、ちょっと横から投げたり、緩い球を放《ほう》ったりするなど、できる工夫はすべてした記憶があります。

とにかく、気持ちだけ。コールド負けはしたくない。どんなに点差があっても、残りのイニングで追いついて最後には勝つ。その思いだけが僕を支えていました。

しかし、ストライクを取るので精一杯だった僕は、この回、2アウト満塁と追い込まれ、カウント3ボール1ストライクからセンターのやや右中間寄りに飛球を打たれ、前進守備を敷いていたセンターが追いつくことができず。無情《むじょう》にもサヨナラコールド負けとなりました。

そこからのことは自分でどのような行動をしたのか、あまり覚えていません。ただ、ベンチに持ち込んだ康介の遺影《いえい》に、「ゴメンな、ゴメンな」と何度も謝ったことだけははっきりと覚えています。

その後の人生を含め、1つのことにあれだけ無我夢中になっていた時期はないですね。そう自負できる高校野球最後の夏でした。

康介のお墓には、オフに帰省するタイミングで毎年行っています。これがすごく立派なお墓なんですよ。スタジアムのような形をしていて。ご両親の康介に対する思いが伝わってきて、「頑張らないといけない」という気持ちにさせてくれます。

私が見た「谷口雄也」の素顔

COLUMN

YUKI SAITOH

斎藤佑樹 投手

「顔に似合わず馬力《ばりき》のある選手。内に秘めた熱い闘志を感じる」

雄也と僕は、2010年秋のドラフトで指名された同期です。彼は高校を卒業してすぐの入団なので、大卒で入った僕の4歳下になります。

最初に会ったのは、翌年1月からスタートした新人合同自主トレのときでした。僕らの同期は6人いましたが、雄也は西川遥輝《はるき》とともに高卒でしたし、顔はあのとおり幼かったので「後輩感」はありましたね。けっこう、慕《した》ってくれましたし。でも、挨拶《あいさつ》や言葉づかいなどの礼儀はいちばんしっかりしていて、感心したのを覚えています。

1年目の春季キャンプ以降、僕は一軍、雄也はファームに分かれたので、顔を合わせる機会は減りました。けれど、僕が故障で2か月ほどファームに落ちたときは、またドラフト同期の6人でよく食事に行っていました。

ファームにいたとき、雄也が二軍の公式戦で逆方向のレフトへ柵越《さくご》えの本塁打を打つシーンを何度か見ました。1年目のイースタン・リーグで本塁打を6本打っているんです。僕は、逆方向へあれだけ打球を飛ばせる左打者をあまり見たことがなかったので、かなり驚きましたよ。足も遥輝と同じくムチャクチャ速いし、「顔に似合わず、馬力《ばりき》のある選手だな」と思いました。

それから月日が流れて、雄也が一軍でプレーするようになってからも、同期入団の近い存在として接してきました。僕自身、基本的にどの選手ともそんなにベタベタするほうではないので、雄也と特別親しい姿を見せたことはあまりないのですが、仲は良いと思います。

ただ、お互いの関係が自然すぎて、特別なにを話すということはないんですよね。もちろん、日常会話はよくします。たぶん、その日のニュースとか、チームメイトの話題などしているんでしょうけど、たわいのない話ばかりなので、内容についてはあまり覚えていません。

野球についての話は、ごくたまにですが、真面目《まじめ》にしたことがあります。打者である雄也から見て、投手がどういう配球で投げたら効果的なのかとか、投球時に投手が出してしまうクセなどを教えてもらいました。趣味の話はないですね。いや、あるのかなぁ？　実際には野球以外の話のほうが多いはずなんですけど。でも、ゴルフは一緒に回ったことはありますよ。

普段、ベンチやグラウンドにいるときの雄也は、見た目がかわいらしい顔立ちですし、ワーッと大声を張り上げて自分をアピールするようなこともしないので、物静かなタイプです。でも、そういう男だからこそ、内に秘めた芯《しん》のある熱い闘志のようなものはあるなと、すごく感じます。野球のことも、日ごろからすごく考えていますね。

僕がマウンドで投げているときに雄也が後ろで守っていたら、すごく安心できます。そのうえ、足も速いし、ヒットも打てれば、ホームランも出る。チームに必要な存在だと思います。

思い出に残るゲームとしては、14年9月の試合で一緒にお立ち台に上がったときですかね。勝てばチームがクライマックスシリーズ進出を確定できるという試合で、僕が先発で5回を抑えて勝利投手になり、雄也がタイムリーヒットを打ちました。僕自身も2年ぶりのお立ち台だったので、よく覚えています。ほかにも、北海道が地震の被害にあった際に、札幌ドームでの試合で北海道の人々を励《はげ》ますためのビデオレターを僕と雄也でチームを代表する形で収録したり、「北海道179市町村応援大使」として一緒に動いたりすることもありました。

僕も雄也も比較的注目されがちなところがあるかもしれないですが、そのことについて雄也がどう考えているかは、正直、わかりません。でも、彼はそうしたことをあまり気にすることなく、自分のやるべきことをしているという印象です。この本を読めば、そのあたりについてきっとわかるんじゃないですか？　僕自身も、「それはそれ、野球は野球」だと思っています。

右ヒザを手術してからの雄也は、リハビリから始まって、今は手術前の状態に近づけようと、内心苦しんでいると思います。でも、確実にレベルアップしていますよ。僕も人のことを言える立場ではないですけど、雄也にはきっかけひとつでレギュラーをつかむチャンスがあります。

お互い、ドラフト同期。今では僕と遥輝と雄也の3人になってしまったけど、この先もできるだけ長く現役でやっていこうぜ！　というのが、僕から雄也に向けたメッセージです。

FIGHTERS
A. Yuya
Circuit Design
スクール
予備校

第3章
プロ入り後の試練

プロの世界へ

早すぎるほど早く終わった高校野球。3年生は夏の大会に敗れると引退となり、続いて訪れるのは進路の話です。僕は東邦に敗れた直後の囲み取材で、プロ志望届を「出すつもりでいます」とコメントしていました。

試合に負けた直後で放心状態だったにもかかわらず、その点についてはっきりと話すことができたのは、高校に入るときからプロへ行く心づもりができていたからです。愛工大名電に進んだのもプロになることを第一に考えてのことでした。名電には、現在、福岡ソフトバンクホークスの監督を務めている工藤公康《きみやす》さん（元西武、福岡ダイエー、巨人など）をはじめ、山﨑武司《やまさきたけし》さん（元中日、東北楽天など）、日本が誇る偉大なメジャーリーガーだったイチローさんのほか、プロの世界で名を残したOBがたくさんいます。寮生活は大変でしたが、野球の練習に没頭できる環境が整っていました。倉野光生監督にはよく怒られましたけど、チームを引っ張る立場でしたから、ある意味当然のこと。野球に関してはのびのびとプレーさせてもらえたので、僕は今も入学して良かったと思っています。

それに、実を言うと、僕は10月にファイターズのテストを受けていたのです。当時の山田正雄ゼネラルマネージャー（GM）がまだ見てない候補選手に対し、球団が声をかけて行った非公式のテストでした。「合否はドラフトで」が前提です。

グラウンドには、大村巌《いわお》さん（現横浜DeNA二軍打撃コーチ）、川名慎一《かわなしんいち》さん、吉井理人《まさと》さん（現千葉ロッテマリーンズ投手コーチ）、田中幸雄《ゆきお》さんなど名だたるコーチ陣が揃《そろ》い、テスト生は大学生や社会人も含めて20人くらいいたと思います。

僕はバッティングやシートノックの一次テストを通過。試合形式の二次テストで、社会人の投手から木製バットでヒットを2本打ったと記憶しています。それなりの結果を残したので、指名の可能性はあると、手ごたえを感じていました。

そうして迎えた2010年10月28日――。いよいよ、ドラフト会議当日です。この年の大注目は、のちにチームメイトとなる「ハンカチ王子」こと斎藤佑樹《ゆうき》さん（早稲田《わせだ》大学）。1位指名の模様をテレビで見ていると、「斎藤佑樹」「斎藤佑樹」と指名が続き、抽選でファイターズが交渉権を獲得しました。

そして、2位指名には「西川遥輝」の名前が！　遥輝は智辯《ちべん》和歌山高校では外野手として甲子園でもプレーしましたから指名されるとは思っていましたが、まさかファイターズとは。1つの球団が同じ右投げ左打ちの高校生外野手を2人指名するというのは考えにくいので、僕はこの時点であきらめの心境になっていました。

ところが……。5位のときに、ふいに僕の名前が呼ばれたのです。

「北海道日本ハムファイターズ。谷口雄也。外野手。愛工大名電高校」

一瞬、「え？」と。それがうれしさに変わり、次に、「北海道!?」という心境になりました。ファイターズの本拠地が北海道であることはもちろん理解していましたが、急に実感が湧《わ》いてきたのです。なにせ、僕はそれまで飛行機に乗ったことすらありません。極端な話、外国に行くような感覚になったのを覚えています。

ドラフト会議以降は、指名挨拶《あいさつ》や仮契約があり、メディカルチェックで東京へ行って、取材もあって……。11月下旬には、札幌でのファンイベントで初めてファイターズのユニフォームを着て、お披露目です。北の大地に第一歩を踏みしめた印象は、「北海道寒い！」「札幌ドーム広い！」。興奮して、地に足が着いていませんでした。本契約後の入団発表で、僕は「最多安打のタイトルを獲《と》りたい」と言ったらしいです。正直に言うと、覚えていません。なぜそんなことを言ったんだろう？　ともあれ、当時の発言を力に変えて、もっと結果を出さなくてはと思います。

基礎を築いた1年目

11年2月1日。プロ1年目のキャンプが始まりました。まず、驚いたのは打球の違いです。なにしろバッティング練習で外野を守っていると、普通にバンザイしてしまうんですよ。球がグングン伸びてくる感覚が、高校とはケタ違いです。

「なんなんだ、この世界は……」

当時の二軍外野守備・走塁コーチの川名慎一さんから「まず、プロ野球に慣れなさい」と言われ、ボールの投げ方、打球の捕り方など、ゼロから学ぶ日が続きました。

これは僕にとって、大変貴重で楽しい時間でした。というのも、高校まで自由にやらせてもらってきた僕は、基本的なことをじっくりと教わったことがなかったのです。

例えば、守備であれば足運びのステップひとつとっても、コーチから丁寧《ていねい》に教わり、素手《すで》で転がしてもらったボールを捕るなどして、フォームを体に覚え込ませる練習を繰り返しました。これは、後年、移籍してきた選手などに聞いた話ですが、ファイターズは全体練習の時間は短いほうだそうです。そのため、一見すると緩《ゆる》い雰囲気です。でも、裏を返すと、自主性を重んじる方針なんですよね。時間の使い方は自分次第。好きなようにしていいけど、どうなっても知りませんよ、ということ。

そのことを感じ取った僕は、キャンプから必死でした。3月に高校の卒業式に出席するため地元に戻ったときには、体重が10キロ近く減っていたほどです。それだけ充実したキャンプをすごしたのだと思います。1年目は、シーズンに入ってからも、こうした基礎作りに徹した日々でした。僕と遥輝は、ファームの試合に300から350打席くらいは立たせるというプログラムになっていたそうで、僕は100試合に出場。そして、試合が終われば個人練習です。キャンプからやってきたことを反復する。もうだいぶできるようになってきたと思い、大村コーチにポロッと、

「まだやるんですか？」と口走ってしまったことがありましたが、「黙って3年やりなさい」と返されました。通常のスケジュールだと、夜18時～19時半のあいだに寮の夕飯を食べなくてはいけないのですが、「そんなの取り置きしてもらえばいいんだよ。まだやれるぞ」と言われ、泣きながらバットを振ったこともあります。

1年目は苦い思い出もあります。ファームのイースタン・リーグ開幕直後、3月末の東京ヤクルト戦で空振り三振を喫《きっ》したときのこと。キャッチャーが投球を後逸《こういつ》したので振り逃げ狙《ねら》いで一塁へ走ると、送球が僕の体に当たったのです。僕は「うっ」となって痛がりながらもボールの行方《ゆくえ》を確認していたつもりでしたが、一塁コーチャーの川名さんが「（次の塁へ）行け！」と叫んでいたのを無視する形になってしまいました。このことで、川名さんと三塁コーチャーの三木肇《はじめ》さん（現東北楽天監督）は大激怒。試合後の全体ミーティングで注意されたあと、個別に謝りに行っても、「痛がっている場合じゃないだろう？　なんのためにコーチがいる？　お前はもういいよ。明日からベーラン（ベースランニング）でもしとけ」と突き放されました。それから2週間、川名さんはロクに口もきいてくれないし、ノックも打ってくれません。意を決してもう一度しっかりと話をさせてもらうと、こう言われました。

「ファイターズが全力疾走、最後まであきらめないという方針を打ち立てている中で、お前は（次に塁に走る姿勢を見せず）手を抜いた。それが許せないんだ」

この言葉は、僕にとっては大きな衝撃でした。反省の意味も込めて、東京ヤクルト戦のあとに始めた試合前のベースランニング1セットは、8月いっぱいまで続けました。

ほかにも、二塁走者として牽制《けんせい》でアウトになったときは、しばらくのあいだ、帰塁の練習を繰り返しました。夏場の暑い時期に、練習にもかかわらずヘッドスライディングで帰塁していたので、ユニフォームはドロドロ。体もしんどかったです。

バントがうまくできず、試合が終わってから、「練習しておけよ」と言われることもよくありました。読売ジャイアンツ球場など、ビジターでのナイトゲームだったりすると、鎌ケ谷に戻るのは夜の23時ごろです。それでも荷物を片づけたら、室内で練習していました。僕と遥輝は日付が変わっても練習していたのを覚えています。

でも、この時期にいろいろなことを覚えたなと思うんです。自分自身のスタイルというものを築くための貴重な1年目になりました。

一軍デビュー

野球づくしの1年目があっというまに過ぎ、2年目を迎えました。この年（12年）はケガの多いシーズンでした。左腿《ひだりもも》と脇腹《わきばら》を肉離れしてしまい、フレッシュオールスターでは筋膜炎《きんまくえん》で代打出場しかできず。前半は歯がゆかったです。

それがようやく完治して調子が上がっていた9月のこと。突然、連絡が来ました。糸井嘉男《よしお》さん（現阪神）が脇腹を肉離れしたため、一軍から僕に招集がかかったのです。しかも、前日に電話でマネージャーに確認すると、栗山英樹監督に代わって、「明日、先発で行くからな」というではないですか！　もう、ドキドキですよ。

そして翌日。東京ドームでの東北楽天戦で監督の予告どおり「2番・ライト」でプロ初出場となった僕は、1回裏の初打席で送りバントを決めて、初仕事を遂《と》げました。

このバントには裏話があります。試合前、楽天の正捕手・嶋基宏《しまもとひろ》さん（現東京ヤクルト）は同じ愛知県のライバル校・中京大中京高校の出身ということで、挨拶をしていたのです。「頑張《がんば》れよ」と激励《げきれい》をいただいたのですが、打席に入ると嶋さんが「バントか？」と。僕が思わず「はい！」と答えてしまうと、嶋さんは構えながら、「真《ま》っ直《す》ぐ。ちゃんとやれよ」と言うのです。プロ初打席に対する「ご祝儀《しゅうぎ》」という感じでしょうか。プロ野球怖《こ》え～。そう思いながらバントをしたのを覚えています。

そして、この日は守備でも見せ場を作れました。1対0で楽天がリードして迎えた8回表、二死一、二塁で楽天の3番打者のホセ・フェルナンデスを迎えた場面。ライトに飛んできた打球を捕球した僕は、二塁走者の嶋さんを本塁で刺したのです。本当のことを言うと、カットに入ったファーストの稲葉篤紀《あつのり》さん（元ヤクルト、北海道日本ハム。現北海道日本ハムファイターズスポーツ・コミュニティ・オフィサー＝SCO、日本代表「侍ジャパン」監督）に投げたつもりの送球が少し抜けて高く行ってしまったのですが、キャッチャーの鶴岡慎也《しんや》さん（現バッテリーコーチ兼捕手）のところにドンピシャリ！　これがいわゆるアドレナリンというものなのかもしれません。

続く8回裏にファイターズは3点をあげ、逆転勝利をおさめました。試合後、栗山監督から「お前のワンプレーで勝ったよ」とお褒《ほ》めの言葉をいただき、プロ初出場の報を受けて、急遽《きゅうきょ》、三重から応援に駆けつけてくれた父親にも良い親孝行ができました。その日のスポーツニュースは、テレビの画面に穴があくほど見ましたよ(笑)。

そして、翌日の楽天戦にも同じく「2番・ライト」で先発出場した僕は、プロ初安打を記録。実は前日の試合後、福良淳一《ふくらじゅんいち》ヘッドコーチ(元オリックス・ブルーウエーブ、元オリックス・バファローズ監督、現オリックスゼネラルマネージャー＝GM兼チーム編成部長)から「明日は(年下の)高卒1年目が先発するが、お前は打てるのか?」と聞かれており、まさか「打てません」とは言えないですから、「大丈夫です、お願いします!」と答えて決まったスタメンでした。「高卒1年目」の正体は釜田佳直《かまたよしなお》投手でしたが、ファームでも対戦したことがあったせいか、2打席目に得意とする逆方向の左中間へ二塁打を打つことができました。一塁走者が生還したため、プロ初打点のおまけつきです。この試合のあと、大阪のオリックス戦、千葉のロッテ戦と帯同し、途中からの守備で2度出場したところで、回復した糸井さんと再び入れ替わる形でファームに戻りました。2年目は、この一軍での経験がすべてと言っていいと思います。

一軍定着への試練

2年目に運良く一軍デビューを果たしましたが、「一軍定着が見えた」などという手ごたえはまったくありませんでした。実際、ファームに戻るときに清水雅治《まさじ》外野守備・走塁コーチ（現阪神ヘッドコーチ）からは、「まだまだ、足りない部分がたくさん出たと思う。スピードの不足、体の使い方、やることはあるぞ」と、具体的に説明を受けていました。そういう現実を受けとめて迎えた3年目（13年）なので、ファームスタートは当然のこと。一軍に呼ばれる機会もあり、14試合で43打席、打率は1割8厘と良い結果は残せませんでしたが、ファームでしっかり経験や技術を上乗せできた年でした。開幕スタメンという意味では、むしろ4年目（14年）のほうが悔《くや》しかった。キャンプでは積み上げたものがようやく形に現れて、開幕前までの試合で確か本塁打を4本ほど打ったはず。それでも開幕のベンチに残れなかった。それなりに手ごたえがありましたが、栗山英樹監督から見ればほかの選手と比べて秀《ひい》でたものがなかったのでしょう。

「腹が立つだろう？　恨《うら》んでくれてもいいよ」

ファーム行きを告げられた際、監督にそう言われた僕は、涙声で「頑張《がんば》ってきます」と返事をするのが精一杯でした。このとき、「このままではダメだ」と心に誓いました。メンバーは監督が考える。だから、一軍に置いてもらうには監督が必要とするピースにならなければいけない。取り組む姿勢を変える必要性を感じました。

ファーム落ち以降、打つことについてはもっと貪欲《どんよく》に追求するようになりました。それまでは単純に「来た球を打つ」というスタイルでしたが、ちょっと型にはめるというか、追い込まれたら当てにいってもいいとし、その一方で、それまではしっかり振ろうと。下半身をどっしりさせて右足で壁を作ることを意識したスイングに徹したのです。すると、ファームでは出だしから3割7分前後の打率を維持。4月中旬に早くも一軍昇格を果たした僕は、この年72試合に出場して2割6分8厘、2本塁打の成績を残しました。打席数は175ということで、ベンチスタートが多かったですが、右投手が先発のときは1番や8番、ときには3番でスタメン出場しました。

この年は稲葉篤紀さんと金子誠さん（現北海道日本ハム野手総合コーチ）が現役最後の年で、僕にとっても印象深いです。とくに心に刻まれているのが、9月28日、札幌ドームでの福岡ソフトバンク戦。この試合はファイターズが6対0とリードしていましたが、7回表一死から柳田悠岐《やなぎたゆうき》さんの打ったレフトへのライナーを僕が前に出ることができず、ヒットにしてしまったのです。しっかりと前に出られたら捕れそうだったのですが、点差もあったので、待ってワンバウンドにしてしまった。すると、そこからソフトバンク打線の反撃が始まり、あっというまに2点返された。さらに走者を2人置いて、中村晃《あきら》さんが打った打球は、レフト線にフワッとしたフライ。これればかりは行かなきゃいけない！　僕はそう思って突っ込みましたが、落下点に届かず。後逸して二者が生還《せいかん》する二塁打にしてしまいました。

「やってしまった……」

結局、その後はリリーフ陣が踏ん張って勝利をおさめることができましたが、もう、メンタルはボロボロです。ベンチでは、稲葉さんや金子さんが近くにいたときに「どうだったの、あのプレー？」という話になり、「ああいうのも勉強やね」と励《はげ》まされたときには無性《むしょう》に悔しくなって、最後には涙が出てきました。実はこの年、ファームの試合でも僕の判断ミスで本来なら捕れるフライを後ろに抜かれてしまったことがありました。そのとき、紺田敏正《こんたとしまさ》外野守備・走塁コーチに言われました。

「お前のそのワンプレーで、打たれたピッチャーがクビになったら、責任とれる？」

この言葉もかなり響きましたね。ましてや、お金を払って見に来てくれるファンもいるので、1つのプレーをおろそかにしてはいけない。一軍で、ある程度数字を残したことよりも、こうしたミスをしたプレーのほうが心に残ったシーズンでした。

一軍にいることが大事

プロ入り5年目となった15年は、1つの目標だった開幕メンバーに入り、「8番・指名打者（DH）」でスタメン出場することができました。この年は、遥輝が1番・レフトで固定されましたが、不動のセンターだった陽岱鋼《ようだいかん》さん（現巨人）が故障でシーズン前半は不在だったため、センターとライトは、僕と岡大海《ひろみ》さん（現千葉ロッテ）、杉谷拳士《すぎやけんし》さん、石川慎吾（現巨人）に、新人の淺間大基《あさまだいき》で争う激戦区に。

そんな中、僕は前年よりもスタメン出場が減り、ベンチで待機することが増えました。成績自体は落ちましたが、控えが多かったことで、これまでと考え方がずいぶんと変わった気がします。もちろん、常に先発で出場したい気持ちはあります。でも、メンバーを決めるのは監督です。例えば野球ゲームのプレーヤーになってファイターズをプレーするなら、谷口をどこで使うか？ 途中からでもいいし、たまにスタメンでも行ける。代打以外に守備でも足でも行ける。そういう選手がいれば助かるじゃないか！ そう思えるようになったのです。控えでも、まず、一軍に居続けることが大前提なのだと。こうした考え方で覚悟を決めるようになってからは、試合に出る出ないで一喜一憂《いっきいちゆう》しなくなりました。

6月2日に広島のマエケンこと前田健太さん（現ミネソタ・ツインズ）から打ったバックスクリーンへの代打本塁打は僕の中でも印象深いですが、このときも控えとしてしっかりと準備をしていた結果だったと思います。マエケンさんと言えば、切れの良いスライダー。ベンチ裏で「スライダー」とつぶやきながらイメージを膨《ふく》らませてバットを振っていたところ、実際の打席でその球が少し甘く入ってきたところをとらえることができました。雨によりスタンドがポンチョの赤に染まったマツダスタジアム（Ｍａｚｄａ Ｚｏｏｍ-Ｚｏｏｍスタジアム広島）で打ったこの一発が反撃のきっかけとなり、ファイターズはその後、逆転勝利をおさめました。

翌16年も、同じ考え方で臨《のぞ》み、現在のところ自分自身のベストキャリアと言える83試合に出場。プロ入り初となるリーグ優勝の喜びを味わえました。

この年は、今やメジャーリーガーとして活躍中の大谷翔平《しょうへい》（現ロサンジェルス・エンジェルス）が、二刀流でフル回転した印象が強いと思います。ですが、翔平以外にもシーズン後半は日替わりヒーローが連日出現。チームの士気は高かったです。首位の福岡ソフトバンクとは最大で11・5ゲーム差まで開きながらも、怒涛《どとう》の連勝で追い上げたときはまさに「確変」状態。9月になってこちらの試合が終わると、みんなロッカーで「ホークス、どうだった!?」と最新情報をチェックしていました。

故障を押して出場していた選手もいてチームは満身創痍《まんしんそうい》でしたが、やはり優勝以上の喜びはありません。僕自身としても、いちばんいい年だったと思います。

私が見た「谷口雄也」の素顔

COLUMN

SHO NAKATA

中田翔 内野手

「男くさ〜い性格の持ち主です。もっと活躍してもらわないと」

雄也はかわいらしい印象があると思いますけど、本当は男くさ〜い性格の持ち主ですよ。普段はのほほ〜んとしていて、人前ではニコニコと「こんにちは〜」なんて挨拶《あいさつ》している感じですけど、内心は違います。けっこう、負けん気が強いです。同世代の選手や後輩に対しても「絶対に負けねえ！」というものを常に持って、プレーしているように見えます。

それは、雄也が最初に一軍に上がってきて、出会ったときにすぐに感じました。

「この子は、自分の芯《しん》というか、気持ちをしっかりと持っているんだろうなぁ」

そういったオーラと言うんですかね。本来は見えないはずなのに、伝わってきました。

今でも、雄也のそういうところは、基本的には変わっていません。練習に対する姿勢もいいですよ。やるべきことはしっかりと、突き詰めてやっています。女性ファンの人気がすごくありますけど、僕らにとっての雄也は純粋に野球が好きな男です。特別なところはありません。

僕は以前、自分よりも年下の選手全員にシーズン成績の目標を設定して、それを達成したらなにかご褒美《ほうび》にプレゼントするということをしていた時期がありました。雄也には「ホームランをシーズン中に2本打つこと」としましたが、しっかり達成したので、確かアクセサリーを買ってあげたと記憶しています。

少し話題がズレるかもしれませんが、このご褒美は年下全員にやっていたので、とんでもない金額になるんですよ。そのため、今となってはとても出しきれないのでやらなくなりましたけど(笑)、当時は後輩たちが僕の立てたノルマを必死になって達成して喜ぶ姿を見るのが、純粋にうれしかったですね。もちろん、ある程度達成できそうなノルマを設定するんですよ。例えば、高卒ルーキーの野手に「ホームラン5本」としたら難しいと思われてしまうので、「1本打ったらご褒美」とすれば、「よっしゃ、絶対に打ったる!」となるじゃないですか。

それは、僕も若いときそうだったんですよね。稲葉(篤紀)さんなどの先輩方から、同じようにノルマを課されて、達成したらお小遣《こづか》いをもらったりしていました。当時の雄也も、僕からの目標を励《はげ》みにして結果につなげたのであれば、うれしいことです。

たまに雄也や何人かで食事に行くことはあります。僕はお酒が好きなので食事に行くと飲みますけど、お互いにハメを外すことはなかったなぁ。

とにかく、彼はしっかりしています。食事をしていても、料理が来たら取り皿にパッとよそって、みんなに配るとか。そういうことを当たり前のようにこなすので、普段の生活においても任せられます。だから、チームメイトからの信頼も厚いですよ。

それでいて、ときには先輩に茶々を入れたりすることもありますけどね。でも、最終的には「かわいいやつ」となるので、ほかの先輩方からも愛されるキャラクターです。

プレーヤーとしての雄也は、とにかく一軍に必要な存在です。2019年に本格的に一軍に戻ってきて、札幌ドームでホームランを打ったときのベンチの喜びようを見ればわかりますよ。ベースを一周して戻ってきたときに、雄也が「ニコーッ」と笑う顔を見るのも久しぶりでしたね。僕もケガでチームを離れた経験があるので、気持ちはよくわかる。あいつもいろいろと苦しい思いをして、挫折《ざせつ》を味わっての復帰だったと思うのでね。見ていた僕もうれしくなりました。

雄也には天才的なバッティングセンスがあります。簡単に三振はしないですし、足も速い。打ってから一塁までの到達時間もチームでは上位だと思います。あの足は、相手の内野手を怖《こわ》がらせると思うんです。仮にボテボテの内野ゴロでも、セーフになる確率はグンと上がりますから。強《し》いて言えば、外野手としての肩は、あまり強くはないかな（笑）。守備については、僕がどうこういうレベルではないですけどね。

雄也も今年（20年）はプロ入り10年目。故障も癒《い》えたし、そろそろ、本気を見せてくれないとね（笑）。アイツのポテンシャルは、こんなものじゃない。レギュラーを張っていないとおかしいくらいのものを持っています。もっともっと打って、活躍してもらわないと困りますよ。早いところ、そういう座をつかんでもらって、これからも一緒に戦っていこうぜ！

FIGHTERS

YUYA
4
Yuya
4
Yuya
4
4.Yuya
4.Yuya

ホクレン
Nipponham
ニトリ

Coca-Cola
DUNLOP
SAPPORO

FIGHTERS
KURIYAMA
80
地域とともに
JA共済
あさひかわ
+PLUS for YOU
北海道

FIGHTERS

FIGHTERS

FIGHTERS

ニトリ

北海道銀行
マリンバンク
22
NISHIKAWA
7
NAKASHIMA
9

ちくわ
ARC
太陽光発電
FIGHTERS

ちくわ

FIGHTERS

FIGHTERS

FIGHTERS
BASEBALL

FIGHTERS

87
FIGHTERS
KISHISATO
67
44

KIKUCHI

FIGHTERS
BASEBALL

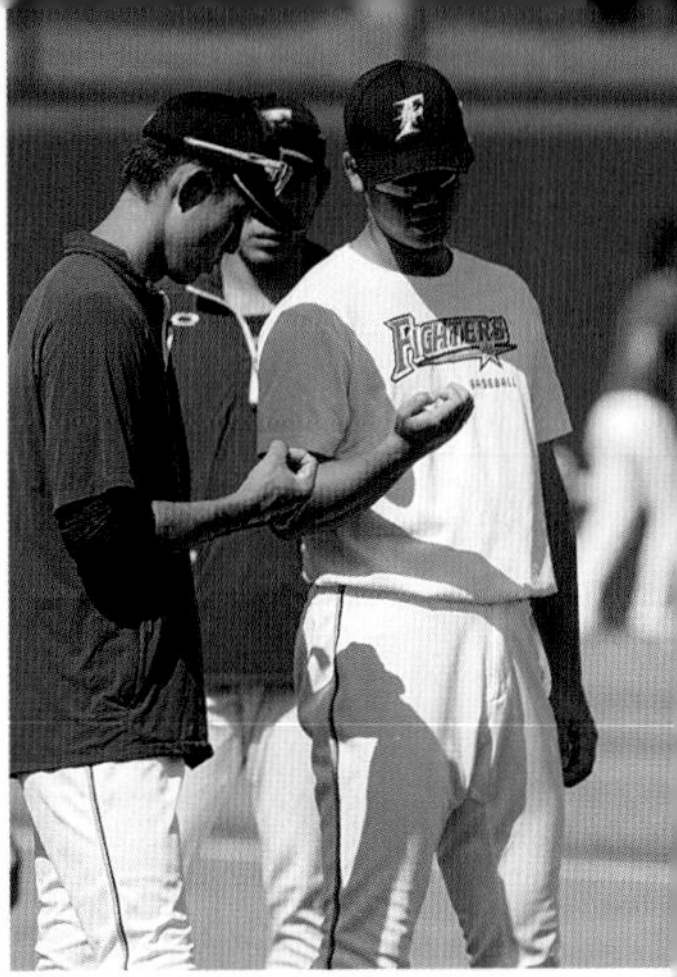
FIGHTERS
BASEBALL

FIGHTERS
朝

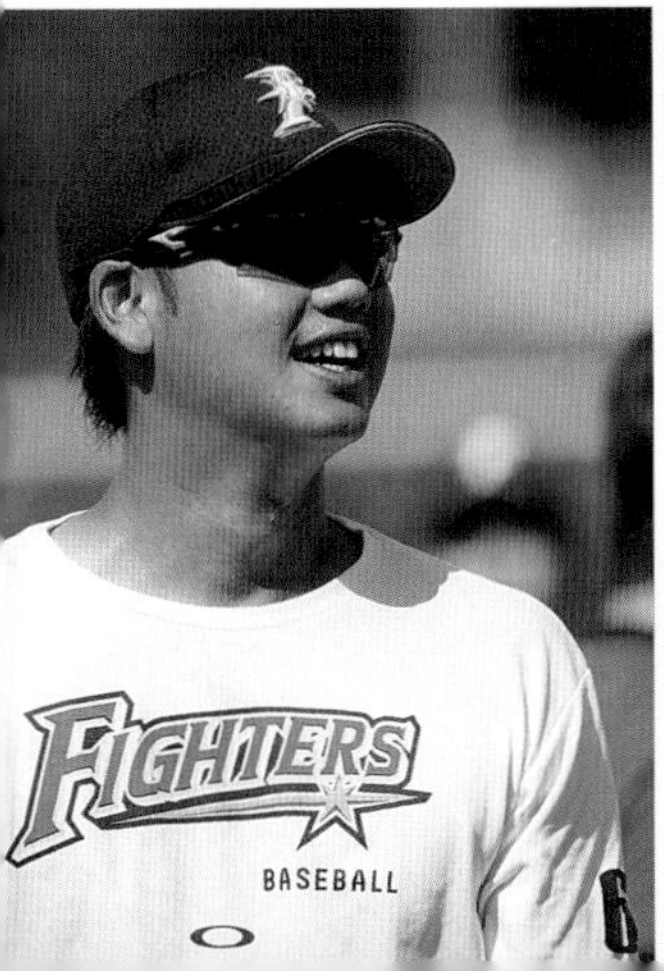
FIGHTERS
BASEBALL

FIGHTERS

FIGHTERS

FIGHTERS

FIGHTERS

興産業

軽バン
オア

FIGHTERS

True Professional

FIGHTERS

FIGHTERS

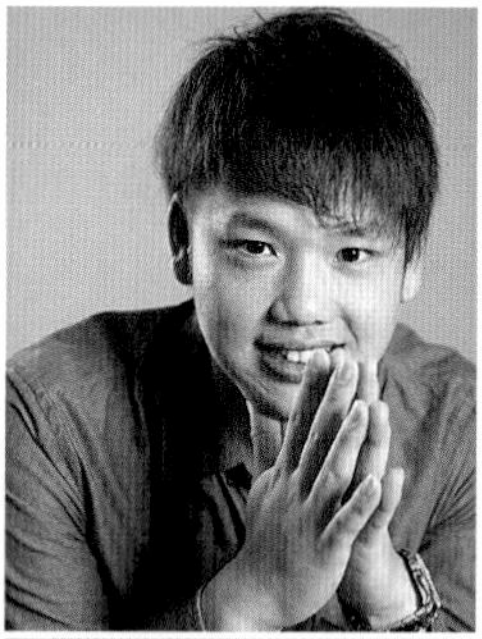
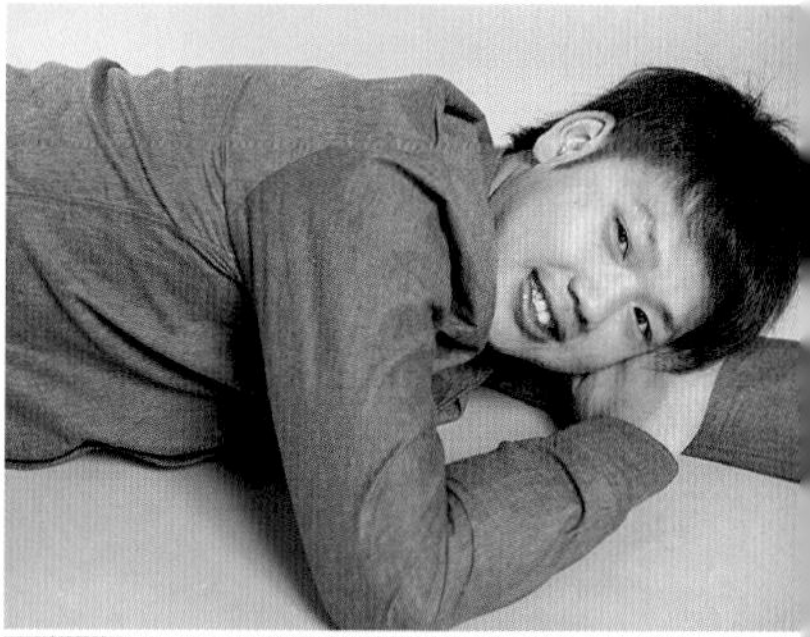

Yuya

FIGHTERS
TAKAHAMA
62
FIGHTERS
FIGHTERS
FIGHTERS
BASEBALL
FIGHTERS

第4章
チームメイトとの交流

お世話になった稲葉篤紀さん

僕のプロ野球人生において、お世話になった人はたくさんいます。ファーム時代の大村巌さん、川名慎一さん。ほかにもいますが、先輩ではやはり稲葉篤紀さんです。

僕が直接やりとりをするようになったきっかけは、2年目のシーズンが終わったあとでした。同じ左打ちの外野手として良きお手本である稲葉篤紀さんの自主トレにご一緒したいと思い、僕のほうから「お願いします！」と願い出たのです。すると、稲葉さんは快諾《かいだく》してくださり、「俺《おれ》も誘おうと思っていたんだよ」と言ってくれました。うれしかったですね。

3年目の2013年1月に佐賀で行われた自主トレは、稲葉さんの動きを間近に見ることができて、本当に勉強になりました。当時、僕はファームでしたから、シーズン中は交流のしようがありません。だから、聞きたいことをなにひとつ聞けなかった。その分、自主トレではどんどん質問して、打撃やメンタル面など、いろいろと教えてもらいました。

でも、いちばんに学ばせてもらったのは人間性です。稲葉さんは僕と年齢が20歳も離れていますが、同じ話題で笑ってくれます。それに、人の動きをよく見ていて、ミスをして引きずっているようなときは、必ずと言っていいほど声をかけてくれます。

稲葉さんが試合中の攻守交代で毎回行っていた全力疾走も、ファンのみなさんの脳裏に焼きついていることでしょう。ファイターズは「常に全力疾走する」ことをスローガンにしていて、チーム全体に浸透していますが、それを最も体現していたのが稲葉さんでした。あの攻守交代の全力疾走は見栄《みば》えがいいですよね。高校球児みたいで、見ていて気持ちがいい。だから、ファンもますます応援したくなると思うんです。

「あれも、けっこうしんどいんだよ。でも、トレーニングだと思えばいいんじゃない?」

現役時代、稲葉さんからそんな言葉をよく聞きました。おっしゃるとおりです。後輩の僕たちは、稲葉さんの意志を受け継いでいかなくてはいけないと思っています。

稲葉さんは14年のシーズンを最後に引退されましたが、思い出されるのがその年のペナントレースを3位でフィニッシュしたあとのクライマックスシリーズです。

ファイターズは、ファーストステージでオリックスと対戦。19年からファイターズに移籍してきた金子弌大《ちひろ》（当時の登録名は千尋《ちひろ》）さんが、オリックスのエースだったときで、リリーフには平野佳寿《よしひさ》さん（現シアトル・マリナーズ）もいて強かった。それでも、すでに引退を表明していた稲葉さんと、あと同じくチームの柱だった金子誠さんと1日でも長く野球をしたいという気持ちが強くて、みな必死でした。1勝1敗で迎えた最終第3戦は延長戦に突入しましたが、中田翔《なかたしょう》さんが平野さんからバックスクリーンにどデカい一発を放《はな》って勝利し、福岡ソフトバンクとのファイナルステージへ駒《こま》を進めたのです。

そして、ファイナルステージでも最終第6戦までもつれる大接戦になりましたが、稲葉さんは引退間近ながらも代打でしびれる場面に起用され、結果を出しました。また、誠さんはシリーズではベンチを外れていましたが、チームに帯同してバッティングピッチャーなどのサポートをしてくれました。

でも、結局1対4でファイターズは第6戦を落としてしまい、シリーズは終了。試合が終わって、お2人を胴上げしたときは、もう一緒にユニフォームを着てプレーすることがないことを思い、涙が出ましたね。

ただ、誠さんはコーチとしてファイターズに残りましたし、稲葉さんは解説者となり、その後、日本代表「侍ジャパン」の監督になっても、佐賀の自主トレには顔を出してくれます。だから、寂《さび》しさは感じていません。佐賀にいらっしゃったときは、気がついたことをアドバイスしてくださるので、そうしたご配慮に恩返しするためにも、もっと結果を出さなくてはと思っています。

同期の遥輝

チームメイトとしては、同期の（西川）遥輝の存在が大きいです。中学時代からお互いの存在を知っていたことはすでにお話ししましたが、プロに入ってすぐのころは同じ外野手のライバルとしてファームで試合や練習に明け暮れてきました。

第1章でお話ししたように、遥輝と出会ったのは、中学2年の夏までさかのぼります。僕はこのとき、中学硬式の四日市トップエースの一員としてジャイアンツカップに出場しました。その縁《えん》で、西川遥輝のいた和歌山の打田タイガース（ヤングリーグ）と対戦したのです。

でも、それは正式な試合ではありませんでした。どういうことかというと、四日市トップエースは初戦で竜ケ崎シニアに負けていたのです。そして、たまたま打田タイガースも初戦敗退。お互い東京まで遠征してきたのに1試合で終わってしまったので、同じ境遇のチーム同士で練習試合をしたというわけです。

この試合に、僕は「3番・ピッチャー」で出場しました。遥輝は「3番・ショート」でしたね。対戦結果はセンターフライとショートゴロ。僕が遥輝を抑えました。でも、ねじ伏せたわけではなく、遥輝が打ち損じたのでは？　という感じでした。

このときは、遥輝ととくに会話はしていませんが、お互い2年生だったので、「同じ学年にいい選手がいるな。すごいな」という印象は残りました。そして、高校に進む際には、「西川は智辯和歌山に行くらしい」という噂《うわさ》を耳にしていました。

その智辯和歌山とは、愛工大名電の入学式があったその週に、さっそく練習試合で対戦しました。ただ、このときは遥輝というよりも、上級生に有名な選手がたくさんいて圧倒された記憶のほうが残っています。マウンドには2年生左腕の岡田俊哉《とし や》さん（現中日）がいて、3年生には当時スラッガーとして知られていた坂口真規《まさ き》さん（元巨人）が4番にいました。坂口さんなんか、片手で右中間にホームランを打っていました。驚きましたねえ。「なんだ、このタレント集団は!?」と思いました。遥輝もその中に入って、1年からレギュラーでしたから、すごいですよ。

そのころだと思いますが、お互いのメールアドレスを交換していたので、ドラフトでファイターズに指名されたときは、「一緒じゃん！」と、すぐ連絡しました。

その後、プロ1年目は、練習でも試合でも遥輝と同じ場所にいる時間が多かったけれど、プライベートの時間までベタベタしているわけではなかったですね。僕は寮の部屋にずっといてボーッとしていることが多いですが、遥輝は部屋にいません。当時からアクティブにどこかへ出かけていることが多かったです。

2年目以降、遥輝は一軍に定着するようになり、3年目には開幕スタメンを勝ち取りました。その後、レギュラーに定着して盗塁王を3度獲得。そんな姿を見ると、遥輝と同じように毎試合外野のフィールドに僕が一緒にいないことに対して、悔《くや》しい気持ちがないはずがありません。一塁に出たときに、難なく盗塁のスタートを切れるあの度胸もうらやましいですしね。

ただ、同期としての関係は変わりようがありません。それに、自分は自分。遥輝に負けたくはないけど、チームの勝利に貢献するのはレギュラーだけではないですから。今はとにかくチームになくてはならない戦力になること。それから、いい意味での勝負ができればいいと思っています。

身近な先輩・後輩たち

一軍のベンチにいるときは、中田翔さんがよく声をかけてくれます。翔さんは4番打者としてドカッと腰を据《す》えたチームの顔ですけど、僕とは3歳しか離れていません。3歳上というのは、僕にとっては兄と同い年になります。だから、大変接しやすく、本当に兄貴分という感じです。

翔さんは、若い選手にシーズンの目標となる数字を設定して、クリアするとご褒美《ほうび》をくれるんです。僕は14年のシーズンに「ホームラン2本打ったら好きなもの買ったる」と言われて、見事に達成。ダイヤモンドの入ったネックレスを買ってもらいました。

でも、僕も気がつけば2020年で10年目になります。今では逆に3歳以上年下の選手がたくさんいるようになりました。もちろん、先輩に甘えるという発想はありません。自分が与えられた役割をしっかりとこなすことが大前提ですが、翔さんが僕にしてくれたように、後輩たちが萎縮《いしゅく》せずに力を発揮できるような雰囲気を作っていきたいと思います。

ショートを守る中島卓也《なかしまたくや》さんは、やはりファウル打ちのイメージが強いですね。本当ならば、誰もが追い込まれたら、あの姿勢を持っていなくてはいけない。とはいえ、野球はファウルを打つ競技ではないので、何球ファウルを打ったか？　ということではなく、フォアボールをとることが重要だと思います。中島さんが粘った末にフォアボールになると、球場がすごく盛り上がる。あれは、1つの大きな武器です。

あと、遥輝と同じく、中島さんには盗塁のスタートを切れる度胸があります。そこは本当に見習いたいところです。スタートが切れるということは、気持ちの中で踏んぎりがついているということなんですね。だから、一歩目がすんなり出る。ですが、そのためには、相手投手のクセやタイミングを研究しておくことも重要です。映像を見たり、ベンチにいるときにチェックしたりしなくてはなりません。ベンチでは、ほかの選手と投手のクセについて確認し合うことがありますが、中島さんとそういう話をすると、「そんな見方をしているのか」と、うなるような新たな発見が多いです。

近藤健介《けんすけ》は1歳年下ですが、あの天才的打撃はみんながうらやましがります。もちろん、僕もです。彼は打席の中で、「どんなボールが来ても打てる」という準備ができていて、タイミングがずれたらファウルにする技術がある。体勢を崩《くず》されても、ボールをうまく拾ってヒットにしてしまうことさえあります。後輩ですが、同じ左打者として、彼の打撃の良い点は参考にさせてもらい、僕も結果を出したいですね。

4歳年下の浅間大基も、後輩ですが、ライバルです。大基は1年目から一軍で物《もの》怖《お》じせずプレーしていたので、すごいと思います。僕にも物怖じせずに話してきます（笑）。19年のシーズンからは内野手も兼任しましたが、20年はまた外野一本に戻るようなので、競争相手として手強《てごわ》い存在になります。僕も負けるわけにはいきません。

18年のシーズン限りで引退した矢野謙次《けんじ》さんから学ぶことも多かったです。選手として接したのは、15年のシーズン途中に巨人から移籍してきてからの3年半という短いあいだでしたが、矢野さんはファイターズでは代打の切り札という立場で、一発勝負のときにものすごい力を発揮する人でした。

矢野さんが来たころは、僕も途中から試合に出ることが多かったので、どういう準備をするのかな？　と、よく見ていました。すると、ベンチが矢野さんに出番が近いと伝えてくるよりも前に、すでに動き始めているんですよね。自分で試合を読んで、出番を逆算していました。だから、ものすごく早い段階で一度きちっと体を作っていたこともありました。試合の序盤でも、ベンチからパッといなくなるんです。そして、しっかりと汗をかいて、体も気持ちもカーッと上げておいて、集中力を高めてから出ていく。一方、僕はというと、けっこうバタバタしながら体を動かして、呼ばれたらもう行く……という準備の仕方だったので、大変勉強になりました。

矢野さんは、引退後も球団職員という肩書きでファイターズに残り、19年にはアメリカでのコーチ留学などを経験。オフには、外野守備コーチ兼打撃コーチ補佐として現場復帰することが発表され、秋季キャンプからチームに合流しました。エネルギッシュなところは相変わらずです。そういう姿勢を改めて見習いたいと思っています。あとは……。あ、1人忘れてはならない人がいました！　チームのムードメーカーであり、いじられ役でもある杉谷拳士さん。試合に出るためならなんでもする姿勢は素晴らしいと思います。

ただ、本来は内野手だったのに、外野まで守るようになり、今ではすっかりユーティリティプレーヤーとして存在感を放っています。チームとしては心強い選手なのでしょうが、ポジションが競合することになった僕にとっては、脅威《きょうい》でしかありません。僕は杉谷さんが、外野手としての練習を始めたころから、「杉谷さん、来ないで！」と内心思っていたし、今でもそう思っています。その心境は杉谷さんも同じらしく、僕が打つと、冗談っぽく「打つなよ」とツッコんできます（笑）。ただ、こうしたいい意味のライバル意識がよりいいプレーを生み出すのであれば、チームにとっては大いにプラスになるはず。杉谷さんとはジャレながらも切磋琢磨《せっさたくま》して高いレベルで競《きそ》い合えたらと思います。

去る人、来る人

僕は写真を撮《と》るのが好きで、一緒にいるチームメイトを撮影して、ときおり、ツイッターにアップしています。『プロ野球a・i《アイ》』という雑誌で日常の写真を掲載するコラムを連載していたこともありました。そのときは、一眼《いちがん》レフのカメラも購入して張りきっていましたが、現在はホコリをかぶっておりまして……。いずれまた復活させたいと思いますが、どうしても手軽なスマホになりますね。

写っている人は様々で、一緒に練習している若手のときもありますが、数が多かったのは、ファームでともにすごした時間が長かった大嶋匠《おおしまたくみ》さんでしょうか。大嶋さんは僕より1年遅い入団ですが、学年は3つ上なので、（中田）翔さんと同様、兄貴のような存在でした。食事をしたり、たまに一緒に外に出かけたりもする仲でしたが、18年のシーズン終了後に、現役を引退することになりました。

引退と言えば、ファームでは年長者としていつも明るく場を盛り上げていた新垣《あらかき》勇人《はやと》さんも同じタイミングで引退しました。現在は、社会人時代にプレーしていた東芝でコーチをしています。僕は野手で、新垣さんは投手ですが、もともとファイターズは野手組とか投手組という分かれ方はあまりないので、新垣さんとはよく一緒にトレーニングをしました。食事にも連れていってくれました。

ドラフト同期で一緒に入団したメンバーへの仲間意識も強いです。前出の斎藤佑樹さんと西川遥輝のほかに、乾真大《いぬいまさひろ》さん（現神奈川フューチャードリームス選手兼任コーチ）、榎下陽大《えのしたようだい》さん、齊藤勝《まさる》さん。そして、僕も含めて合計6名。人数が少ないこともあり、1年目は一緒に食事に行くこともよくありました。みなさん、現在はそれぞれの道を歩んでいますが、僕にとっては歳上《としうえ》でも、「同期入団は同級生」という感覚です（笑）。今でも都合があえば食事をするなど、交流が続いています。

15年から4年間ファイターズに在籍していた外国人選手のブランドン・レアードもチームを去り、19年からは千葉ロッテでプレーしています。当時、僕が一軍に上がると、ベンチで彼のマッサージをさせられたり、遠征時の移動中にビールをおごらされたりするなど、なにかと絡《から》んできました。僕もそれに乗っかっていましたが、今となっては敵チームの主軸打者です。選手としてリスペクトしつつも、勝負としてはファイターズの投手陣に頑張《がんば》ってもらい、彼の打撃を封じてロッテから多くの勝ち星を取れれば、と思います。

親しくしていた人たちがチームを去るのは本当に寂しいですが、プロ野球選手にとっては避けられないことでもあります。残った僕らもそのことを噛《か》みしめ、腹をくくって少しでも長くプレーすることを目指さなくてはと、改めて思います。活躍することで、去っていった人たちに対して恩返しできたらいいですね。

唯一の例外は、大谷翔平くらいじゃないですか？　彼はもっともっと遠いところへ去っていきましたから(笑)。

翔平がファイターズで投手と野手の二刀流で活躍し、メジャーリーグのロサンジェルス・エンジェルスへ移籍した足跡は、ここで僕が語るまでもないと思います。

プロ入り前、花巻《はなまき》東高校のころから注目されて、ファイターズ1年目の13年シーズンのときは、まだ18歳だった翔平に近い年齢の選手が、僕と遥輝、あと近藤くらいしかいなかったんです。そのため、できるだけ声をかけるようにはしていました。

新人で、ただでさえ、プロの世界のことがわからないのに、打つほうも投げるほうもしなくてはならない。これはしんどかったと思います。とくに、ベンチスタートのときなど、控え選手が試合に出ていないときには、裏方仕事的なベンチワークがあるんです。それは、チームが勝つために協力しあってやることなので、翔平も例外ではなくて、やらなくてはならない。本人はそれをけっこう楽しんでやっていましたけれども、僕は彼の負担を減らすため、そういった仕事を率先してやっていました。例えば、まだ準備のできていない次の打者に代わって、誰かが一時的にネクストバッターズサークルに入っていなくてはならないとき、「翔平は行かなくていいよ」と言って、僕が入るようにしていましたね。

また、17年に僕が右ヒザの手術をして、そのリハビリ中、翔平も肉離れになってリハビリをしていた時期がありました。そのときは、選手寮から鎌ケ谷のグラウンドに向かう途中の坂道を歩くと足に負担がかかるので、短い距離を2人で車で往復していたこともありました。翔平とは、練習中に足をつるような小さなケガをしたりすると、「技術が肉体を超えたね」という話をよくしていました。求めていた技術を修得できたことで、体にさらなる負荷がかかってついてこられなくなる、という意味合いです。「また、やったんですか？」なんて、お互いに言っていた気がします。

また、翔平はチームメイトによくイタズラをしたりする悪ガキキャラで、僕らもちょっかいを出し返したりしていました。とにかく、なんにでも熱中できるんですよ。野球は言うまでもないですが、例えば、練習後に部屋でテレビゲームをするときでも、勝てば大喜び、負ければ心底《しんそこ》悔しがる。そういう後輩です。

きっと、その純粋さは、メジャーリーグで活躍している現在も変わっていないでしょう。これからも、日本人選手の代表として頑張ってほしいです。

そして、去る者がいれば、当然、入ってくる者もいます。僕のあとにファイターズに入団してきた後輩たちを挙げ始めたら、キリがありません。浅間以外にも、松本剛《ごう》、渡邉諒《わたなべりょう》、平沼翔太《しょうた》、郡拓也《こおりたくや》、それに、兄・雄之助《ゆうのすけ》が僕と愛工大名電でのチームメイトだった今井順之助《じゅんのすけ》など……。全員の名前を出せなくて申し訳ないですが、みな、自分たちを高めあっている仲間であり、ライバルです。

ファイターズには、大物新人が入団してくることも多々あります。前出の大谷翔平をはじめとして、17年オフのドラフト会議で注目されてファイターズに入団してきた清宮幸太郎や、19年からプレーしている吉田輝星《こうせい》などがその例ですね。

幸太郎については、比較する形になって申し訳ないですけれども、翔平とは対照的なところがあります。翔平は、最初からまわりがよく見えていて、気もつかえていましたが、幸太郎は兄弟で言う、とても甘えん坊の末っ子という印象。「これは、僕たちが教えないといけないな」ということで、今でも、チームの人たちがみんなで面倒をみているという感じです。

例えば、練習の合間《あいま》などに、チームで一緒に食事をするときは、みんながもうすませて次の準備を始めているのに、まだ食べていたりします。それで、「もう行くよ」と言うと、「いや、待ってくださ〜い」と(笑)。そう言えてしまうのが幸太郎です。物怖じしない性格はうらやましいほどです。

でも、そんな幸太郎がひとたび打席に入れば、ものすごい飛距離の打球を放つわけです。バットを持っているときは、キリッとした、いい顔をしていますよね。グラブやミットを持つと、渋い顔になりますけど(笑)。

ただ、19年のシーズンに一軍でプレーしている幸太郎を見ていて、芯《しん》はしっかりしているなと感じました。4番に抜擢《ばってき》されながらも打てなくて、叩《たた》かれていた時期がありましたけど、そのとき、「『結果は出なくても、これだけはやった』と思えるものを絶対に作ろう」という姿勢で練習や試合に取り組んでいたのです。まわりから、「こうすればいいのに」「ああしたらいいのでは？」と言われても、「僕には僕のやり方があるんです」と、口にこそ出しませんけど、そういう雰囲気を発していましたね。きっと将来のファイターズは、彼が中心になっていくチームになるのだろうなと感じた瞬間でした。

甲子園で大活躍した大物新人として入ってきた吉田輝星も、プロ向きというか、芯のある選手だと思います。とにかく、マウンドにいるときは負けん気が強い。調子が良かろうが悪かろうが、ストレートでどんどん押していきます。僕はファームでセンターを守ることが多かったので、彼の投球を後ろから見ていましたが、指にしっかりとかかった少しカットボール気味になるストレートがすごくいいんですよ。ハマったときのボールは、打者がストレートとわかっていても打てないと思います。

1年目の19年は、変化球の腕の振りが緩《ゆる》いとか、フォームが違うとか言われていたようですけども、変化球はのちのち身につけていけばいいだけのこと。楽しみしかない選手です。取り組む姿勢も真面目《まじめ》で、おごるような性格でもないので、今の時期に土台を完璧《かんぺき》に作り上げてほしいですね。そして、北海道北広島市に計画中の新球場へ移転したときには（23年予定）、ファイターズのエースとしてマウンドに立っていることを期待しています。

そういえば、入ってきた選手で言うと、他球団の選手になりますが、18年にセ・リーグ新人王となった横浜DeNAの左腕・東克樹《あずまかつき》は、なじみのある選手です。というのも、彼は中学で四日市トップエース、高校は愛工大名電と、僕とまったく同じ道を歩んできた後輩なんですよ。1年目から新人王を獲得するほど活躍したのは、うれしかったですね。しかし、2年目の19年は故障もあってふるわず。ヒジの状態が悪くて、オフにトミー・ジョン手術に踏みきりました。復帰までの苦しさは、僕もリハビリの経験があるので、よくわかりますが、まだまだこれからの選手なので、しっかり治して再び元気な姿をマウンドで見せてほしいです。

私が見た「谷口雄也」の素顔

COLUMN

KENSHI SUGIYA

杉谷拳士 内野手

「野球をやっていくうえでの仲間。早く結婚して、新たな一歩を」

雄也と僕の関係をひと言でまとめるのは難しいです。僕が2歳上なので、同じチームの先輩・後輩ですけど、特別すごく仲が良いというほどでもないし、もちろん悪くもない。ファームにいる時期もあまりかぶっていなかったので、長い期間、一緒に苦労したというわけでもありません。僕はチーム事情によって外野も兼任することがあるので、ときとしてポジションを争う間柄になることもありますけど、基本的には僕は内野手で、雄也は外野手。だから、ライバルという感覚も僕の中にはありません。本当、どんな関係なんだろう?(笑)。月並みですけど、プロのチームで一緒に野球をやっていくうえでの仲間ということでしょうね。

初めて会ったときのことは、覚えていますよ。雄也が入団してきたときに、同じ高卒入団の(西川)遥輝と一緒に僕のところへ挨拶《あいさつ》に来てくれました。2人とも芯《しん》の通っている印象がありましたね。しっかりと礼儀正しくて、名門高校で上下関係を学んでいるなと思いました。僕がいた帝京高校はそういう雰囲気ではなかったので、感心させられましたね。

雄也が2019年から背番号「4」になると、「2」の僕とはロッカーが近くなりました。それでわかったのは、彼の荷物の量が多いこと。だから、必然的にロッカーまわりが乱雑になります。ところが、「雄也、これ、どうにかせいよ」と言うと、「いや、拳《けん》さんだって汚いじゃないですか」って返ってくる。「いや、俺《おれ》が汚いのはキャンプ後や。キャンプ前はきれいだったろ?」と、さらに返しましたけど(笑)。そういう日常会話は、普通にしています。

でも、雄也は食事に誘っても、けっこう、ことわられるんですよ〜。「自分の世界を持っているのかなぁ?」とは思うのですが、何回かことわられると、こちらとしても誘いにくくなるじゃないですか? だから、あまり行っていないんです。本当は行きたいんですけども。雄也はお酒がそれほど強いわけではない、ということもありますね。まあ、僕も時と場合によりますし、中田さんから誘われたときは絶対飲みますが(笑)。でも、後輩の中には飲む人もいれば、雄也のようにそんなには飲まない人もいるから、そこは見極めながらという感じです。

ちなみに、僕は食事のときはもちろん、プライベートでは、一切《いっさい》、野球の話をしません。本当に必要なときはグラウンドで話せばいい、という考えなんです。だから、ひとたびグラウンドの外に出れば、雄也とも野球以外の話をいろいろとしますよ。相談を受けたこともあります。雄也が寮を出るときには住む場所についてとか。彼が車を買いかえようとしているときにも聞かれましたが、僕も車のことはよくわからなかったので答えられませんでしたけどね。

ただ、趣味的な話はほとんどしないですね。あ、いや、あるにはあるけど、雄也のイメージにそぐわない話題だから出したくないなぁ。どうしよう……。でも、いいか!? 僕は競走馬を見るのが好きで、週末のささやかな楽しみとして馬券も買っているんです。すると、僕の予想が気になるのか、たまに、僕のところに来てのぞき込むことがあります。雄也も単純に競走馬が走っている姿を見るのが好きみたいなんですよね、どうやら……とフォローはしておきます。イメージが崩《くず》れなきゃいいけど(笑)。

そもそも、雄也はモテますよね。顔もかわいいですし、優しいです。でも、もう、30歳が近くなってきていますから、そろそろ結婚して、男として新たな一歩を踏み出してほしいですね。僕は踏み出しすぎてしまって、2歩、3歩行ってしまいましたけど(笑)、こんな先輩を参考にしてもらえたら、うれしいかな。また、いろいろとプライベートの話をしよう!

最後になりますが、選手としての雄也の魅力は、やはりバッティングだと思います。きれいなフォームですし、強い打球も出る。そういう長所を伸ばしてほしい。僕も実感していますが、下の世代からの突き上げもすごくあるので、自分にしかないものを確立していければいいと思います。

僕は野球を始めてから現在に至るまで、常にレギュラーを目指してプレーしてきました。「代打でいい」「守備固めでいい」とは思ったことはありません。雄也もきっとそうでしょう。だから、お互いに9人の中に入れるよう、これからも切磋琢磨《せっさたくま》しながら、一緒に末永く野球を続けていきたいですね。

FIGHTERS
NIPPON-HAM
FIGHTERS
Nipponham

第5章 オフの「自分流」

服は消耗品《しょうもうひん》

もうおわかりでしょうが、僕って基本的に野球人間なんですよ。日々の生活の中心はほとんどが野球。それ以外のプライベートな時間は、部屋でボーッとしていることが多いですし、実際、そうしているのが好きです。外に遊びに行くこともたまにしかありません。そのせいか、おしゃれについても無頓着《むとんちゃく》です。普段はTシャツやスポーツウェアを着ていることが圧倒的に多い。普段着はそのへんのイオンで買ったりしますよ。イオンには洋服屋さんがいっぱいあるじゃないですか？　たまに「谷口だ！」と言われることがありますが、ペコッと会釈《えしゃく》してかわします。

なにしろ、メンズのブランド品は値段が高いですから。何万円もする服を見ると、正直、「アホじゃないの？」となります。1本1万円くらいするパンツをいただいたことがありますが、「高いのに申し訳ない」という気持ちでいっぱいでした。同時に「もっと安いところなら、同じ値段で3本買えるのに」と思ってしまいます。

その一方で、靴《くつ》は衝動《しょうどう》買いすることが多いです。部屋には「これ、1回も履《は》いてない」というものがたくさんあります。整理したいですけど、手にとると「でも、そんなに履いてないしなあ」となる。僕、断捨離《だんしゃり》ができない人なんですよ。引っ越しをしたときにかなり捨てましたが、まだ、たくさん抱《かか》えています。

お気にいりはナイキのスニーカーかな。ハイカットのものですが、名前は覚えていません(笑)。買うときはほとんどネット通販なので、あとで後悔することもあります。革靴《かわぐつ》は2足くらい。フォーマルな靴よりはスニーカーのほうが多いです。

小物やアクセサリーは、ないこともないですけど、結局、邪魔《じゃま》になっていくんですよね。だったら、つけないほうがいいかな？　という感じです。

腕時計もずっと持っていませんでした。ただ、スーツに合うような外に出ても恥ずかしくない時計は1つくらい欲しい、と日ごろから言っていたら、大嶋匠さんに「行こう、明日！」と引っ張り出されて、買いました。ごく普通のもので、確か2〜3万円でした。2017年の1月にテレビで放送された『ジョブチューン』に出演したとき、持っている時計の値段をランキングにする企画があって「どのような時計を持っていますか？」と聞かれましたが、恥ずかしすぎて。「いやー、持ってないっす！　今はみんなスマホじゃないですかー」と言って、ごまかしちゃいました。

『龍《りゅう》が如《ごと》く』にハマり続ける

何事に対しても、あまりこだわりがないほうなので、趣味にハマることが少ない僕ですが、これだけは趣味とハッキリ言っていいかもしれないのが、プレイステーションのゲームソフト『龍《りゅう》が如《ごと》く』です。このゲームだけは、中学1年生のときに最初のシリーズをプレーして以来、現在の最新シリーズまで、新作が出るたびに続けています。新章のダウンロードが待ち遠しくて、リリースされる日の午前0時ちょうどに待ち構えてダウンロードしたこともありました。

『龍が如く』は、自分が操作する主人公・桐生一馬《きりゅうかずま》が、まあ、ヤクザなんですけど、街《まち》を徘徊《はいかい》しながら、いろいろな人に会ったりしてストーリーを進めていくのが基本です。そして、条件が揃《そろ》うとバトルするというもの。主人公の桐生さん、男だなと思いますね。ゲームだから、ときおりおかしなことをすることはありますけど(笑)。真島《まじま》(吾朗《ごろう》)さんも男だわ。登場するキャラクターは、みな情《じょう》に厚いです。

それと、本編のストーリーとはまったく関係ないサブゲームなどもいろいろ入っているのが面白いんですよ。でも、その中のギャンブルとかバッティングセンターはやらないです。僕はキャバクラ経営のほうを……しています(笑)。

ただ、現在スマホやパソコン向けに出ている『龍が如く ONLINE』はプレイしていないんですよ。主人公が桐生さんではない別の人(春日一番《かすがいちばん》)に変わって、新展開になってしまったので……。でも、思い入れのあるゲームなので、気を取り直して、20年1月に発売された『龍が如く7 光と闇《やみ》の行方《ゆくえ》』から、また始めています。

ちなみに、『龍が如く』シリーズと同じ世界が舞台で、木村拓哉さんが主人公役でそのまま出ているゲーム『JUDGE《ジャッジ》 EYES《アイズ》:死神の遺言《ゆいごん》』もプレイし、クリアしました。

ゲームについては、ほかのタイトルも楽しむ程度にはやっています。『ドラゴンクエスト』もやったし、Nintendo Switch(ニンテンドースイッチ)の『スーパーマリオ オデッセイ』もやりました。

ただ、たくさんはやらないので、できるゲームの数は少ないです。銃を撃って進んでいくようなＦＰＳ（ファースト・パーソン・シューティング）系とか、ＴＰＳ（サード・パーソン・シューティング）系は向いてないのでやりませんね。『アサシンクリード』や『バイオハザード』などのシリーズは……無理です！（笑）。

好きなマンガは『スラムダンク』

エンターテイメント系のものは、ごく普通に自分なりに嗜《たしな》んでいると思います。マンガはよく読みますね。『スラムダンク』は、最初から最後までを何周しただろう？　僕の中ではいちばんです。とくに、ストーリー上は最後の試合となるインターハイの山王《さんのう》工業戦が良かったなあ。主人公の桜木花道《さくらぎはなみち》がいる湘北《しょうほく》のメンバーは王者・山王と比べたら初出場でだいぶ格下ですが、それまでも何度もやっていた全員で叫ぶ「オレたちは強い!!」で言い聞かせて、立ち向かっていく。試合に出たときにいい意味で勘違いをする、というのは必要なことだと思います。不安のまま打席に入ると、当然、打ち取られますから。花道くらいのプラス思考があったらいいな、なんて思いますね。一方で、流川楓《るかわかえで》は天才すぎて。なんでもできすぎちゃうじゃないですか。僕は花道がド素人からどんどんうまくなっていく過程が好きです。

野球マンガで好きなのは『キャプテン』です。小学生のときに初めて読みましたが、今も実家に置いてあります。主人公の谷口タカオは僕と同じ名字《みょうじ》なので応援していますが、ちょっと性格のキツいイガラシのほうが好きです。丸井がキャプテンのときの予選大会決勝は延長戦に突入するのですが、イガラシは9回途中からリリーフして、実質1試合分以上にあたる18回まで投げるんです。それで、もう肩で息をして倒れてしまいそうなほど疲労しているのに、サヨナラホームランを打ってしまう。ああいうスポ根ものは、グッとくるものがあるなと思います。

雑誌だと『ヤングマガジン』は、ほぼ毎週買って読んでいます。『カイジ』のシリーズは面白いですね。でも、長い(笑)。引き出しの中がどうのこうの……というだけでその回が終わることもあって。それでも、毎回、のめり込んで読んでしまいます。

僕は家では寝ていることが多いので、マンガは移動のときや、寮にいたときはお風呂に入っているときに読んでいました。ちなみに、ファイターズの寮は風呂場にマンガが置いてあるんです。だから、湯船《ゆぶね》に浸《つ》かりながら読めちゃう。『スラムダンク』もありましたよ。濡《ぬ》れてグシャグシャになったので、捨てられてしまいましたけど。ほかにもいろいろあるので、みんな湯船に入ると、読んでいます。

映画は「脱獄系」

オフのときは「1人映画」にも行きます。DVDではなく、映画館です。「今日、暇《ひま》だな。今、この映画やっているんだ。時間合うから、行こう!」いつもこういうノリで突然行くので、1人になるんですよね。ジャンルは洋画です。邦画はラブコメばかりというイメージが強くて、まったく見ないです。

僕、「脱獄系」の映画が好きなんですよ。きっかけは、『ショーシャンクの空に』(1995年)という作品を10年前後に再上映されたのを見たことです。ストーリーも感動もので素晴らしかったんですが、冤罪《えんざい》で牢屋《ろうや》に入れられた元銀行員の主人公が20年くらいかけて脱獄を図るんです。ロックハンマーという小さくて先の尖《とが》った金槌《かなづち》を密《ひそ》かに手に入れて壁を削るところから始まって……。途中、刑務所の所長に取り入って汚職で得たお金の隠蔽《いんぺい》工作を手伝う代わりに、自分が脱獄した際、そのお金が自分の手に入るようなからくりを作っておくなど、頭を使ったずる賢いことを密かに企《くわだ》てるような、ゾクゾクするシーンが多くて面白かったなぁ。

刑務所については、プロ入り後にますます興味を持つ出来事がありました。ファイターズには、北海道の地域活性化に貢献しようという「北海道179市町村応援大使」という活動があります。僕は1年目に（中田）翔さんと網走《あばしり》市の大使になったんです。網走と言えば、刑務所です。昔、実在した場所には、現在、博物館があるのですが、展示されている記録がすごい。毎日、食事の味噌汁《みそしる》を口に含んで牢屋に戻り、木製の檻《おり》にかけることで、塩分で檻の一部を腐らせて隙間《すきま》を作り、関節を外してすり抜けて脱走した受刑者がいるとか……。「なんだ、これ!?」という話です。

以来、しばらくのあいだ、刑務所ものの作品に夢中になりました。『大脱走』や『アルカトラズからの脱出』なども見ましたし、海外ドラマの『プリズン・ブレイク』

のシリーズも、途中まではチェックしています。頑張《がんば》って最後までたどり着きたいですね。DVDを借りてきて家で見るのは、こういうときだけです。

脱獄系以外の映画で覚えているのは、『美女と野獣』ですかね。あれは話題作だったので、押さえておこうと思って見に行きました。野球映画も見ますよ。史上初の黒人メジャーリーガーとして知られるジャッキー・ロビンソンを描いた『42〜世界を変えた男〜』は面白かった。あと、『マネーボール』も見ました。

映画の話はチームメイトともしますね。「あれ、見た?」「見た」となれば話が広がりますが、「まだ見てない。結末を言うなよ」となることも。ただ、「脱獄系」はほかの人に全然、響かないです(笑)。みんな流行《はや》りのタイトルが好きみたいですね。

ドライブで1人の時間を楽しむ

エンターテインメント系はお笑いも好きです。小学生のころは『ワンナイ(ロックンロール)』とか『リチャードホール』を楽しく見ていました。くだらない下ネタとか小学生が笑えるようなネタが、すごく好きでしたね。

ああ、「下ネタ」は、やばいかな？（笑）。今でも、『M－1グランプリ』などは録画して、あとから見ています。

ドラマは、第1話を見たときに面白かったら、以降も見るようにしています。だいぶ前に、菅野美穂《かんのみほ》さんが主役の『砂の塔～知りすぎた隣人《りんじん》』が、そのパターンにハマりましたが、最終回を見逃してしまったんです。そうしたら、TBSの方がDVDを送ってくださって。たまたま、同じ時期にTBSさんから取材を受ける機会があって、その話をしたら、手配してくれました。あれはうれしかったですね。

繰り返しになりますが、こうして振り返ると、ますます僕って野球以外のことについては浅いなあと思います。

音楽や歌についてもそれほど熱心ではないですし。打席に入るときの登場曲はV6の『サンダーバード－your voice－』ですが、「自分で歌える？」と問われると、フルでは歌えません。あれはサビの部分の歌詞で決めたので。それに、V6さんもラジオで「谷口という野球選手が使ってくれている」と紹介してくれたことがあったので、そうなると、なかなか変えられないですから。なにかの節目《ふしめ》で思いきって変えてもいいかな、とは思いますけどね。

音楽についてはそんな感じなので、たまにチームメイトとカラオケに行っても、けっこう古い曲を歌っています。年上の先輩から「お前、なんでその歌知ってんの？　何年生まれだよ」とツッコまれます。恥ずかしいので、曲名はナイショです(笑)。あ、車の話をしてませんでしたね。僕、ドライブが大好きなんですよ。考えてみれば、これも立派な趣味の1つですね。女の子を乗せてばかりなんてことは、全然ありません！　圧倒的に1人が多いです。

車に乗っているときは、1人になれるので大好きです。電車はプライベートではほとんど使いません。僕、重い荷物を電車にヨイショと持っていくのが絶対的に嫌《いや》なんですよ。ときどき、地元・三重の親しい友人から「関東とか都心に住んでいるんだから、自動車なんかいらないでしょう？」と言われますけど、「それが、違うんだよ！」と(笑)。長い時間乗っていても飽きないので、練習帰りに少し足を伸ばしてみたり、オフに帰省する際には三重の実家までロングドライブしたりするときもあります。

車以外の手段で、街をぶらつくようなことは、ほとんどしたことがありません。そもそも、ハッキリとした用事があるとき以外は出歩かないので。シーズン中だけでなく、オフについても同じです。球団絡《がら》みのイベントや行事がない限り、練習していますし……。

にもかかわらず、よく言われるんですよ。

「お前、普段なにしているの？　謎だな」

「こっそり、どっか行っているよね？」

なぜ、そう思われるんですかね。

「行かねえし！　家にいるわ！」

いつも、そう答えています(笑)。実際、そのとおりですから。

野球をしているとき以外のすごし方については、もう出し尽くしたんじゃないかな？　あとは、チームメイトのみんなと同じようにゴルフをするくらいですよ。野球と同じく左打ちで、ベストスコアは88です。

こう見えても飛ばすほうで、16年オフの優勝旅行のときのコンペでドライバーを打ったときは、１つ前の社長の組の頭を越えてしまいました。おそらく、３３０ヤードくらい行ってしまったかと。大変危険なことなので反省しましたが、まわりからは、「本職の野球で、同じくらい飛距離を出せよ」と、いまだにからかわれます。

まだ、ちゃんとやったことがないものでは、釣りに興味がありますね。以前、沖縄キャンプの休日に釣り竿《さお》をレンタルして、当時チームメイトだった加藤政義さん（のちに横浜ＤｅＮＡに移籍し、15年シーズンいっぱいで引退）と行ったことがありました。漁港の堤防のようなところでしたが、赤くてひげの生えた「オジサン」や、細長い「ダツ」などの魚種が釣れました。

それ以来、ずっと機会がないですが、足のリハビリしかできず時間があったときに、魚をさばく動画などを見て自分でさばけるようになりました。そのため、釣った魚をさばいてみたいという気持ちはありますね。

今は本業の野球に必死なので、しばらくは実現しそうにないですが、いつかやってみたい。ものすごい達成感があるのではないかと、少しだけ期待しています。

今井順之助 内野手

JUNNOSUKE IMAI

「小学生のころから憧《あこが》れの先輩。モノマネは突然振らないで」

谷口さんは、もの静かです。自分からワーッと盛り上げたり、感情を表に出すことはあまりありません。でも、心の中にすごく熱いものがあるのは感じます。打席に立っているときの雰囲気や、凡打に倒れたときに悔《くや》しさを噛《か》み殺すようにダグアウトに引き上げてくる姿からも、そういったものが伝わってきます。一軍の試合で打ったときには、ときおり、喜びを爆発させることもありますが、僕がいだいているイメージは、あくまでも「内に秘めたものがすごい人」です。

練習に対する姿勢には、常に学ばされます。朝、グラウンドに出ると、谷口さんがすでにティーバッティングをしているということはよくあります。いつでも準備を怠《おこた》らない方です。

後輩のことも、よく見てくれていますね。覚えているのは、僕自身がバッティングにおいて、今ひとつ押し込みきれず、受け身のようなスイングになっていたときのことです。「でも、試合ではヒットが出ているし、いいか」と思っていたところ、谷口さんに、「ちょっと、受けすぎじゃない?」とズバリ指摘されました。そう言ってくれるのは、谷口さんだけですね。そのひと言で、僕もハッとさせられました。「確かに、変化球には対応できていたけど、真《ま》っ直《す》ぐは振りきれていなかったな」と改めて認識して、その後の練習で修正することができたのです。

ただ、僕と谷口さんは、同じ左打者ながら、バッティングのタイプは全然違いますね。谷口さんのスイングはすごく柔らかいです。傍《はた》から見ていると、形があるようでないような……。

相手投手の投球に流れを合わせるようにして振るんですけど、実際には自分の形はあるんです。

だから、バットにボールが当たると、ガツンとすごい打球が飛んでいく。左方向へあれだけ強く打てる左打者は、あまりいないんじゃないですか? 僕が左方向に打つ打球よりも、谷口さんの打球のほうが落下せずに伸びていきます。

あと、谷口さんは、足もメチャクチャ速いです。内野ゴロで、相手の内野手が捕球後、一度でもボールを握りか替えたら、もう、セーフになりますから。僕は内野手なので、それがすごいプレッシャーになることが、よくわかります。そもそも、ちゃんと打てば打球が強いですし、セーフティーバントもできる。野手はどこを守っていいかわからないですよ(笑)。

野球をしているとき以外のプライベートでは、車で一緒に買い物に行ったり、ゴルフに行ったりすることもありますね。優しい方なので、僕が別の用事があるときに、近くまで車に乗せていってくださることもあります。ありがたいです。あと、谷口さんは映画が好きです。それも、少しマニアックな名作系が好きみたいです。でも、僕自身は流行《はや》りものの作品を見るくらいなので、谷口さんに「あれ、見た？」と聞かれても、だいたい見ていない場合が多いです（笑）。

ファイターズに入団したばかりで右も左もわからなかったころから、僕と同い年の郡拓也は、よく谷口さんに食事に誘ってもらいました。今でも一緒に行くことが多いです。プライベートの場でも、谷口さんと話すのは、ほぼ野球について。途中まで全然違う話題だったとしても、いつのまにか野球の話になってしまう（笑）。本当に野球が好きなんだなと思います。

実を言うと、僕の兄が愛工大名電高校の出身で、谷口さんとは同級生なんですよ。そのため、僕は小学生のころから谷口さんのプレーを見ていて、すっかりファンになりました。今もそうですが、背が高くて、プレーする姿がすごく格好良かったなぁ。だから、今現在、僕が谷口さんと同じチームでプレーをして、一緒に風呂に入ったりすることもあるのは、不思議な感覚です。

そのような経緯がありますし、日ごろからお世話になっている憧《あこが》れの谷口さんですが、同じ左打者である僕は、谷口さんよりも打たないと一軍にいられません。だから、僕は同時にライバルだとも思っています。谷口さんに「すげーな」と思ってもらえるくらいの打撃を見せたいと思っていますので、覚悟しておいてください！

最後に1つだけ、「谷口さん、それは勘弁して！」と思うことがあります。僕は『サザエさん』のフグ田マスオさんをはじめとして、いくつかモノマネのネタを持っているのですが、ごく普通の会話をしているときに、「だよね？　マスオさん!?」とか振ってくるんですよ。あれは唐突すぎてリアクションできません。これからは、前置きを作ってから振ってください（笑）。

FIGHTERS
FIGHTERS

第6章 アイドル選手を超えて

弟キャラ、メディア露出、女性のタイプ…

僕はよく「弟キャラ」と言われます。実際、兄がいて、本当に弟ではあるのですが、そのせいでしょうか。プロ入り3年目ごろからメディアに取り上げていただけるようになりました。とくに女性ファン向けの雑誌から取材されることが多く、『プロ野球a·i《アイ》』という雑誌には、何度も掲載させていただきました。その中の人気選手ランキングでは、いろいろな部門で1位になっていると、取材のたびに教えてもらいました。『プロ野球a·i』でもたまにありますが、この本でも私服姿で写真を撮影しました。これればかりは、何度やっても慣れませんね。

また、どこから発生したのかわかりませんが、タレントの剛力彩芽《ごうりきあやめ》さんに似ているという話も、3年目ころから言われるようになりました。16年シーズン後のオフ、『ジョブチューン』に出演した際に（放送は、前述のように17年1月）、ゲストでいらした剛力さんご本人とも対面しました。

こうした野球以外の面で注目されることについては、本音を言うと、「グラウンドでプレーしている姿をもっと見てほしい」と思うことはあります。実際、インタビューを受けたときに、そのようにコメントしていました。

ただ、その一方で、別の見方もしていて、ファンの人に僕のことを覚えてもらえるのであれば、どんな露出のされ方でも構わないという気持ちは今でもあります。いい意味でメディアの力もお借りしつつ、あとは僕が結果を残せばいい。一時期、露出が多かったときは、「注目されているんだから、もっとやらなくては！」という感じで、背中を押してくれているようでした。まわりから「本業の野球では一人前の活躍をしていないのに」と思われようが、気にしていませんでしたね。だから、僕はメディアに対しては嫌《いや》な顔もしませんし、むしろ、取り上げてくれてありがたいなという気持ちのほうが強いです。

女性のタイプは……カジュアルな服装をしている女の子が好きですね。それと、この本をここまで読んでいただいた人であれば察しがつくと思いますが、僕はグイグイと引っ張っていくようなタイプではありません。どちらかというと、普段は優《ゆう》柔不断《じゅうふだん》なところがあるので、むしろリードしてくれるとうれしいかな。そう考えると、やはり弟キャラですね(笑)。

しかし、そんな僕も、２０２０年シーズンには節目《ふしめ》の10年目を迎えます。19年は、シーズン中にアゴのヒゲを少し残してみました。なかなか伸びてこないので、うっすらとしか蓄《たくわ》えられていませんが、そういう年齢になってきているという自覚はあります。

これまでの、「アイドル選手」のようなイメージの強さからは、もう脱却《だっきゃく》です。あくまでもプロ野球選手として、実力を認めてもらうことで勝負していきたいです。

17年春に右ヒザを手術する

第1章の冒頭で、17年に右ヒザ前十字靭帯《ぜんじゅうじじんたい》の手術（再建術）をしたと述べました。ことの始まりは、16年のシーズン前にすでに起きていました。そのころは一軍に帯同しながら二軍の試合にも出ていたのですが、二軍のある試合で外野フェンス付近の打球をジャンプして捕球した際、着地のときに右足の外側《がいそく》靭帯を痛めてしまったのです。そして、痛みが消えぬまま2か月弱くらい、ずっとヒザにサポーターをして固めた状態でプレーしていました。

そうしているうちに、痛みは一時的に引いたのですが、夏ごろになって再発。どうやら、ヒザの外側を知らず知らずのうちにかばっていたらしく、その影響で、ヒザの内部にある前十字靭帯を痛めてしまったようです。

しかし、僕は痛いまま、無理してプレーを続けました。シーズンが終わって、ようやく医者に診《み》てもらったところ、「靭帯が切れているかもしれない」と言われたのです。ただ、このときは、トレーニングをして周辺筋肉を強くすればヒザの緩《ゆる》みを抑えられると考え、手術しない方向で17年のシーズンを迎えることにしました。

ところが、オフにトレーニングをしていても、走っている状態から急に止まるときや、逆に走り出そうとしてヒザに力を入れるときなどに力が入らず、いわゆる「ヒザが抜ける」感覚に見舞われるようになったのです。地面にある物を拾ったあと、次の一歩目を踏み出したときに、ヒザがガクッと落ちたこともありました。

それでも、2月からはアメリカ・アリゾナで行われた春季キャンプに参加し、テーピングで固めながら普通に練習していたのですが、症状は一向に良くなりません。そのうちに、テーピングをしていた右ヒザ周辺の皮膚がかぶれを起こしてしまったのです。「接触性皮膚炎」ということで、よくご存じの方からは「擦《す》り傷じゃねーか!」と突っ込まれそうですけどね。ヒザの状態がずっと良くなかったのは、キャンプ地のグラウンドの土が日本よりも固く、地面からの突き上げによるダメージが影響したのかもしれません。

日本に戻れば、少なくとも土の問題は解消されるので、どうにかなるだろうと思っていましたが、沖縄県の名護《なご》市に移ってキャンプが再開されると、ものの2~3日で、「これは、もうダメだ!」と。皮膚の状態が悪すぎて、ユニフォームも着られない状態になっていたのです。正式には蜂窩織炎《ほうかしきえん》という症状だと聞きました。そこで、鎌ケ谷に帰って、まず皮膚を治すこと。そして、状態が良くないヒザも、しっかりと診察するということになりました。そこで、右ヒザのMRIをとったところ、やはり状態は悪化していました。前十字靭帯は、ほぼほぼ9割方切れており、しかも、切れたところが違うところにくっついてしまい、まったく機能していないことがわかったのです。

こうなればもう、手術しかない。僕もようやく覚悟を決めました。

長期離脱中に考えたこと

実際に手術をしたときも、ひと筋縄ではなかったようです。右太腿《ふともも》裏のハムストリングの1つである半腱様筋《はんけんようきん》の一部を摘出《てきしゅつ》して、それを束《たば》ねて切れた靭帯の代わりとしてつけ直しましたが、靭帯が機能していなかったことで、右ヒザの軟骨がぶつかり合って、ボロボロになっていました。そこで、まず、その軟骨を除去したうえで、骨に穴をあけて出血させ、その血液によって新たな軟骨を生成させる方法がとられたのです。

聞いただけでも恐ろしいですよね。おかげで、通常の前十字靭帯を新たに付け直す手術よりも、復帰までに時間がかかってしまいました。

それでも、17年の秋にはグラウンドで普通に練習ができるようになり、11月の段階でほぼ全力疾走できるようになっていました。ただ、そのころは、実際に走っている姿を他人が見ると、ぎこちない走り方に見えたそうです。順調に回復している感触は得ながらも、本格的な実戦復帰は翌18年に持ち越されました。

18年のシーズンは、ファームの試合に出場して実戦感覚を取り戻す日々でした。シーズン序盤は指名打者での出場が多かったですが、次第に守備にも入るようになり、状態を高めていきました。夏場以降は打撃の感覚もかなり取り戻し、自分としては一軍からいつ呼ばれてもいいほどまでになっていました。

そして9月29日、約2年ぶりに一軍登録され、札幌ドームに戻ってきました。ファンからの温かい声援がうれしかったですね。都合6度起用された代打では、残念ながらヒットを打つことはできず、クライマックスシリーズのメンバーからは漏《も》れましたが、とにかく一軍の感触を得られたことにホッとしました。

そして、19年は本格的な一軍定着を目指してキャンプに挑《いど》み、開幕ベンチ入りとなったのです。以降については、第1章の冒頭で述べたとおりです。

手術をしてからグラウンドで動けるようになるまで、約10か月。その後は、一軍に呼ばれる日を信じて、ファームで調整を続ける日々でしたが、そのあいだ、いろいろなことを考えました。

1人、リハビリに明け暮れた17年のシーズン中は、離脱した直後のことだったので、鎌ケ谷でファームの若い選手の姿を見ながら、チームのこれからについて、ファン目線になって考えることが多かったと思います。

そして、先ほど9月に昇格したことを紹介した18年も、本格的に一軍昇格を目指しながら、実際にはシーズンのほとんどをファームですごしたことで、自分の体の状態について深く考えながらすごした時期だったと思います。

この年、シーズン開幕前の段階では、僕自身、ほぼ万全に動けるという好感触を持っていたのですが、その後、19年シーズンを終えた今となって思うと、実際には7割程度しか回復していなかったなと思います。18年のときは、手術をする以前の状態に完璧《かんぺき》な状態に早く戻りたいという気持ちが強すぎて、結局、フルシーズンもたず。右足のふくらはぎを痛めるなど、空回りしたところがあったのです。オフの契約交渉では、200万円のダウン提示。一軍の試合に出られなかったことを考えれば、それを黙って飲むしかありませんでした。

こうした流れを受けて、僕は、「もう100パーセント、以前と同じ状態に戻るのは無理なんだな」と、覚悟を決めました。確かに、姿勢としては以前の状態を追い求めないといけないところです。でも現実的には難しいということで、19年は自分の中で方向転換しました。今の体の状態でベストなところを維持していく。そうすることにより、コンディションの良し悪《あ》しの波を抑えることができて、大きなケガをすることなくシーズンをすごせました。決して無駄ではなかったということですね。僕の中では、「少し大人になったかもしれない」と思っています。

背番号「4」

19年のシーズンを迎える前の18年オフ、僕の背番号は慣れ親しんだ「64」から「4」へ変更されることになりました。

発表はファンフェスティバル後でしたが、僕自身、その話を聞いたのは、11月の秋季練習に入ってすぐのこと。最初は、練習中に吉村浩《ひろし》GMから「話がある」と呼び出されたので、「なにか悪いことしたかな？　いや、まさか（トレードで）外に出る話？」など、いろいろな思いがめぐりました。ところが、「なんでしょうか？」と行ってみると、「背番号を変えましょう」という話で、しかも、「4」だと。予想外の番号だったので、僕が「え!?」と驚いていると、GMは、「なんだ？　いらないのか？」と笑いながら話したあと、「一生懸命、頑張《がんば》って」と激励《げきれい》してくれました。そして、グラウンドに戻った僕は、すぐさま、現役時代に「4」をつけていた飯山裕志《いいやまゆうじ》内野守備コーチのもとへ行き、「僕、来年から背番号4になります」と報告しました。飯山さんも、開口一番「え!?」という反応でしたが（笑）、「まさか雄也がつけるとは。ダークホースやったな。でも、いい番号だから、頑張ってね」と言ってもらえました。

また、ファイターズのOBで、以前から縁《えん》があってよく球場で話をしていた奈良原浩《ならはらひろし》さん（現東北楽天二軍監督）も、かつて「4」をつけていた先輩ということで、電話ですぐに知らせました。

1ケタの背番号というのは、球界でも本当に限られた選手しかつけることができません。プレッシャーも感じましたが、ありがたいことだと思いました。19年のシーズンに向けて、良い発奮材料になったのは間違いありません。

未来について思うこと

19年に、僕はなんとか一軍への本格的な復帰を果たしましたが、久しぶりに一軍ベンチに入ると、優勝した16年のころとはメンバーがだいぶ入れ替わっていました。（中田）翔さんや中島（卓也）さん、（西川）遥輝や近藤（健介）、（田中）賢介《けんすけ》さんなどはいましたが、巨人から移籍してきた大田泰示《たいし》さんと一緒にプレーをしたのは実質初めてでしたし、出場している中に僕より年下の選手が増えました。投手陣にしても、以前から主力でやっていたのは、宮西（尚生《なおき》）さんや有原航平《ありはらこうへい》くらいですかね。

19年シーズン終了時には、賢介さんと實松一成《さねまつかずなり》さん（現巨人二軍バッテリーコーチ）が現役引退。僕も最後の最後で一軍に上げてもらっていたので、セレモニーに立ち会うことができました。16年の優勝の喜びを知る者は、これからさらに減っていくでしょう。昔からのファイターズを知っている人が去っていく姿を見ていると、僕もそれなりに歳《とし》を重ねてきたのかな、という思いがこみ上げてきます。

そうした流れの中で10年目を迎え、僕はどうやって生き残っていくか？　今はそのことで必死です。もちろん、プレーしている限り、レギュラーを目指す。そこはゆるぎません。

しかし、自分の立ち位置について、冷静に判断しているところも当然あります。今のファイターズの外野陣には、同期の西川遥輝がいて、近藤健介がいて、大田泰示さんがいる。さらに、王柏融《ワン・ボーロン》がいて、内野も外野もできる清宮幸太郎、杉谷拳士さん、淺間大基、ヒジの手術から復帰の松本剛などなど。ざっと数えただけでも一軍で勝負できると思える選手が10人近くいるわけです。

とすれば、賢介さんが引退して、穴があいた左の代打を目指すか？　という気持ちがよぎらなくはない。19年8月に一軍登録抹消《まっしょう》を告《つ》げられたとき、栗山英樹監督からは「雄也は途中から試合に出ていくと、球場の雰囲気を変える力を持っている」

と言ってもらいました。すごくうれしかったですけれども、「では、そこを伸ばすのか？」と問われたら、答えはＮＯです。決してそこに落ち着こうとは思わない。野球選手である以上は、レギュラーを目指してやる。代打という役割が1つの武器になると思いながらも、狙《ねら》うところは、当然、試合に出続けるということ。そういう気持ちを持って日ごろから練習をして、試合に臨《のぞ》むことによって、なんらかの結果が得られるものと信じています。

また、金子誠野手総合コーチからは、こんなアドバイスももらいました。

「いい状態を継続しようとすると、人間はどうしても守りに入って落ちてしまう。だから、ファームでは、さらに良くしようと思って取り組まないと成長しないよ」

この言葉が、僕にとっては大きかった。維持ではなくて、もう1つ上を目指す。もっと貪欲《どんよく》に取り組む。その姿勢を忘れることなく、シーズンを最後まですごすことができました。

そうして迎える、20年シーズンは、心に期すものがありますね。僕は早くから、自分でこういう表現をするのは違和感がありながらも、「アイドル選手」という見られ方をされ、どちらかと言えば話題先行となることが多かったという自覚はあります。でも、もう、そういう肩書きを超えて、プレーで注目してもらえるようになっていかなければいけません。

とにかく、自分のやろうと思っていることを100パーセントやるということ。たとえチャンスが少なくても、結果を出す確率をもっともっと上げていかないといけない。

「この場面、代打・谷口で行こう！」

「右ピッチャーが先発だし、今日は谷口をスタメンで行くか」

ベンチに、そう思われるような選手になる。もちろん、走塁や守備など、どの場面からでも行けるところもアピールし続ける。やれることを磨いて、試合に出たらそれを出しきって、チームの勝利に貢献する。なにより、野球はチームが勝たないと楽しくないですからね。

谷口雄也という選手がファイターズに必要不可欠な存在となるよう、日々準備を続けていきます。

あとがき

本書をご覧になったみなさま、最後までお付き合いいただき、ありがとうございました。谷口雄也の素《す》の部分が多少なりとも理解してもらえたのではないかと思います。この本をご覧いただいてなお、僕のことを応援してくださるのでしたら、このうえない喜びです。

おかげさまで、２０１９年のシーズンは本格的に一軍に復帰することができました。18年９月に約２年ぶりに一軍に上がったときも感じましたが、故障でブランクのある選手が一軍で信頼を取り戻すのは大変です。まず、少ないチャンスから自分の状態をアピールしないといけません。もちろん、谷口は元気な姿でやっているよ、という姿をファンのみなさんにも見せたい。そのためには、打撃はもちろんのこと、守備、走塁など、僕のできることすべてを出していく必要があります。

高校を卒業してすぐにプロ入りしたので、20年シーズンでもう10年目になりますが、６月の誕生日が来て、まだ28歳です。老《ふ》け込む年齢ではありません。現在のファイターズの外野陣は、同期の西川遥輝がセンターで固定され、ライトには巨人から移籍して覚醒《かくせい》した大田泰示さんがいます。残るレフトのポジションを、台湾からやってきた王柏融、現在は外野で出場機会を得ようとしている清宮幸太郎、さらには杉谷拳士さんや、そのほか多くの若手の面々とも争っていかねばなりません。厳しい競争に身を置きながらも、まさに「覚悟を力に」して自分を高め、これからもチームやファンに求められる選手を目指して進んでいきたいと思います。

本書の刊行にあたり、斎藤佑樹さん、中田翔さん、杉谷拳士さん、今井順之助のチームメイトたちにコメントをいただきました。そして、現在は東京オリンピックに向けて、侍ジャパン監督としての準備や対応が忙しいはずの大先輩・稲葉篤紀さんにまで。みなさま、わざわざ時間を割《さ》いていただき、本当にありがとうございました。また、このような機会を作ってくださった北海道日本ハムファイターズ球団、廣済堂出版など、関係者のみなさまに心より御礼を申し上げます。

２０２０年４月

谷口雄也

打点	盗塁	盗塁刺	犠打	犠飛	四球	死球	三振	併殺打	打率	出塁率	長打率
1	0	0	1	0	0	0	2	0	.400	.400	.600
0	0	0	2	0	4	0	11	0	.108	.195	.135
11	3	1	2	0	9(1)	0	56	0	.268	.306	.360
10	5	2	1	2	14	0	25	3	.243	.325	.346
9	7	0	9	0	8	1	48	2	.254	.287	.306
0	0	0	0	0	0	0	2	0	.000	.000	.000
10	0	0	0	0	2	0	12	1	.229	.260	.396
41	15	3	15	2	37(1)	1	156	6	.243	.290	.325

◉年度別守備成績(一軍)

外野

年度	試合	刺殺	補殺	失策	併殺	守備率
2012	4	2	1	0	0	1.000
2013	14	15	1	1	0	.941
2014	63	70	3	1	0	.986
2015	39	50	1	0	0	1.000
2016	64	101	3	0	2	1.000
2018	2	0	0	0	0	−
2019	14	13	0	1	0	.929
通算	200	251	9	3	2	.989

〈おもな個人記録〉

- **初出場・初先発出場**　2012年9月4日、対東北楽天22回戦(東京ドーム)、「2番・ライト」で先発出場
- **初打席**　同上、1回裏に美馬学《みままなぶ》からキャッチャー前犠打
- **初安打・初打点**　2012年9月5日、対東北楽天23回戦(東京ドーム)、3回裏に釜田佳直《かまたよしなお》から左中間へタイムリーツーベース
- **初盗塁**　2014年5月2日、対オリックス7回戦(札幌ドーム)、3回裏に二盗(投手・金子千尋《ちひろ》、捕手・伊藤光《ひかる》)
- **初本塁打**　2014年7月11日、対福岡ソフトバンク9回戦(札幌ドーム)、6回裏に攝津正《せっつただし》からレフト越えソロ

Results 年度別成績ほか

◉谷口雄也 年度別打撃成績（一軍） ※カッコ内は故意四球（敬遠）

年度	チーム	試合	打席	打数	得点	安打	二塁打	三塁打	本塁打	塁打
2012	北海道日本ハム	4	6	5	0	2	1	0	0	3
2013	北海道日本ハム	14	43	37	3	4	1	0	0	5
2014	北海道日本ハム	72	175	164	18	44	7	1	2	59
2015	北海道日本ハム	48	124	107	15	26	5	0	2	37
2016	北海道日本ハム	83	211	193	26	49	3	2	1	59
2018	北海道日本ハム	6	6	6	0	0	0	0	0	0
2019	北海道日本ハム	30	50	48	4	11	2	0	2	19
通算		257	615	560	66	136	19	3	7	182

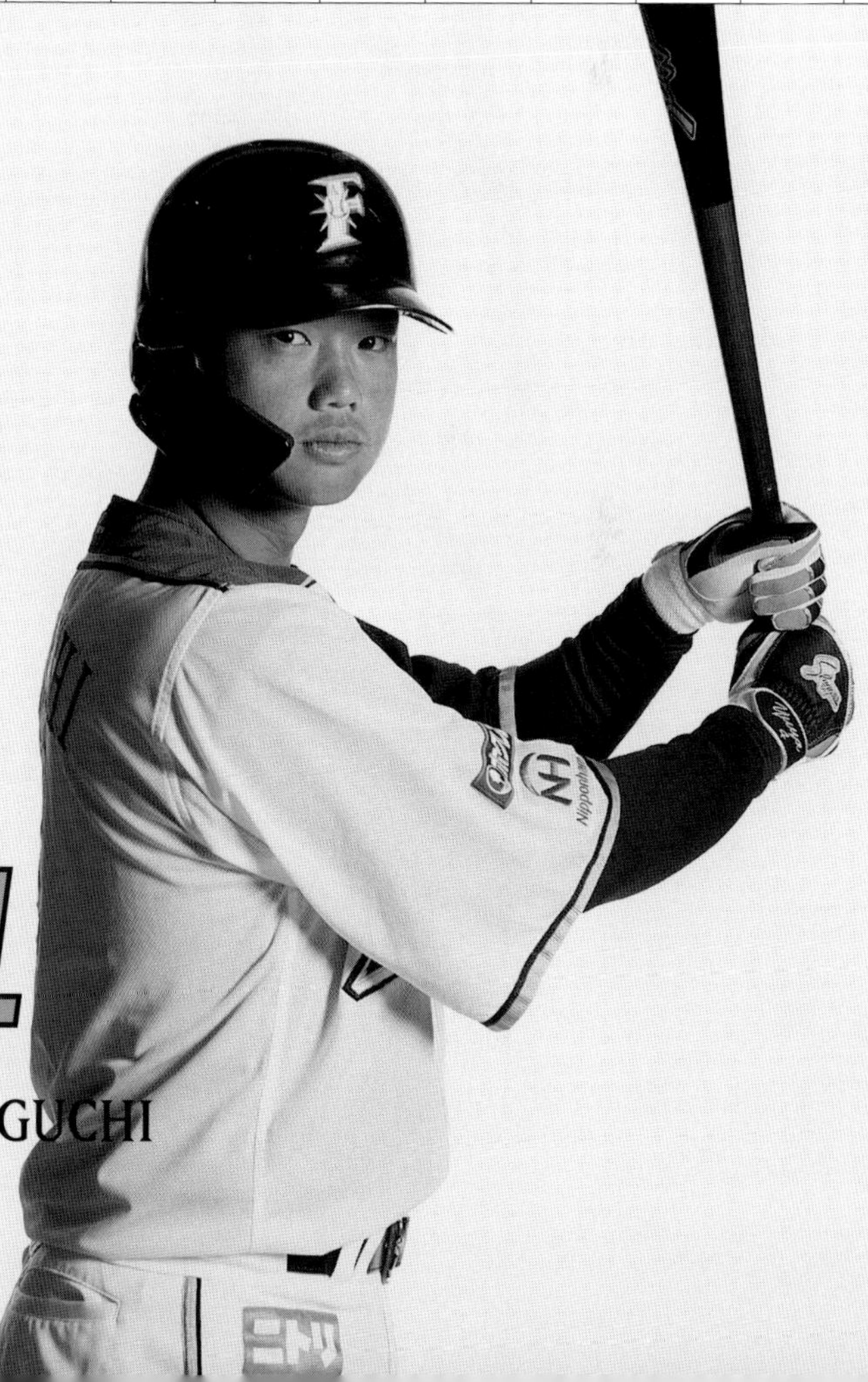

#4
YUYA TANIGUCHI

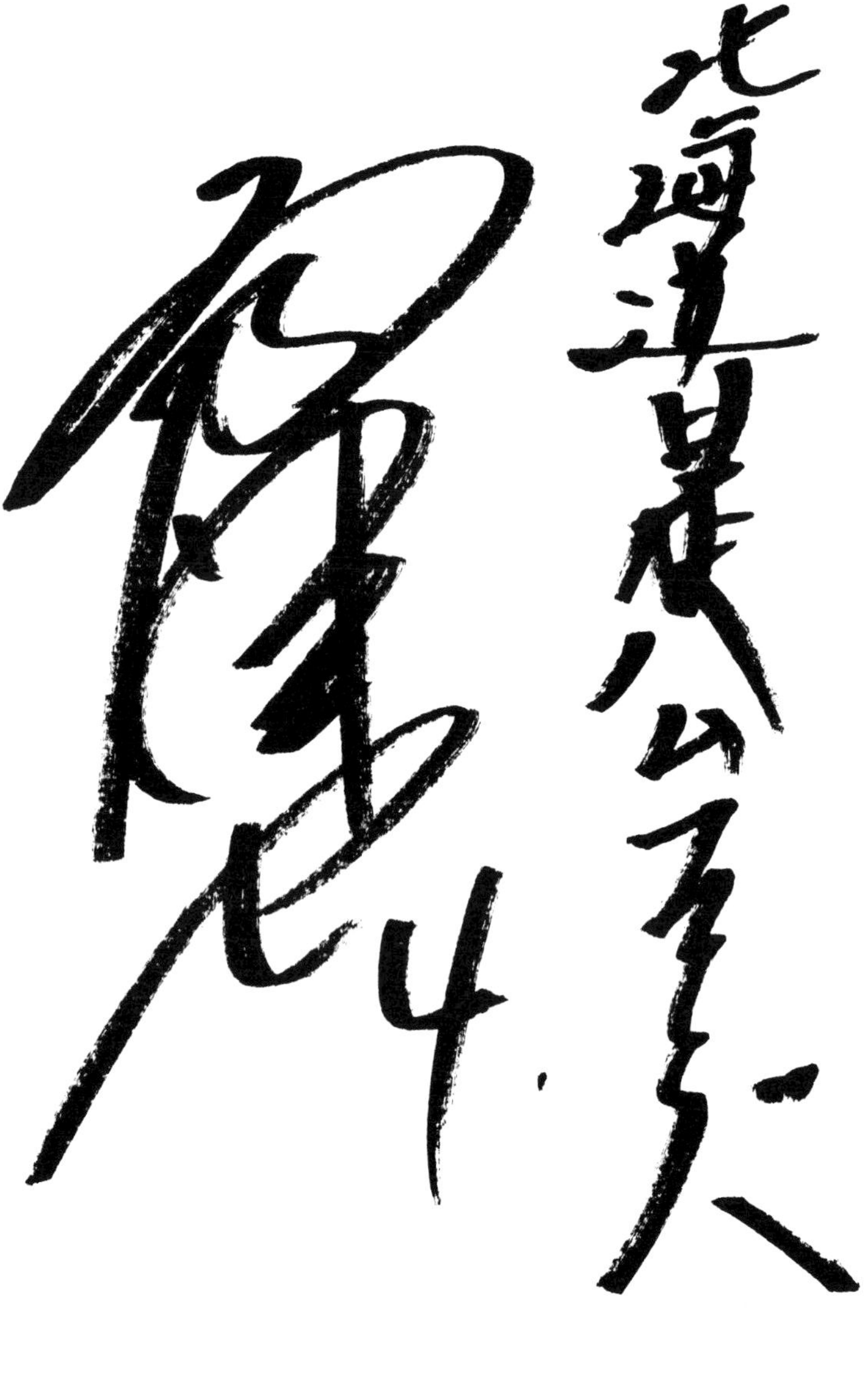

YUYA TANIGUCHI

谷口雄也
メッセージBOOK
―覚悟を力に―
YUYA TANIGUCHI MESSAGE BOOK

2020年5月1日　第1版第1刷

著者……………………谷口雄也

協力……………………株式会社 北海道日本ハムファイターズ
企画・プロデュース………寺崎江月（株式会社 no.1）
構成……………………キビタキビオ
撮影……………………石川耕三（ユニフォーム・私服写真など）
村上庄吾（スーツ写真）
佐藤匠（株式会社 &border／札幌ドーム内写真）
写真協力………………株式会社 北海道日本ハムファイターズ ©H.N.F.
（P8左上、P9左下、P10右上、P37、P40左上、P84右上・左上・左下、P85右上、P88左下、P94左上）
ブックデザイン…………坂野公一＋節丸朝子（welle design）
DTP……………………株式会社 三協美術
編集協力………………長岡伸治（株式会社プリンシパル）
根本明　松本恵
編集……………………岩崎隆宏（廣済堂出版）

発行者…………………後藤高志
発行所…………………株式会社 廣済堂出版
〒101-0052 東京都千代田区神田小川町2-3-13 M&Cビル7F
電話　　編集 03-6703-0964／販売 03-6703-0962
FAX　　販売 03-6703-0963
振替　　00180-0-164137
URL　　https://www.kosaido-pub.co.jp
印刷所・製本所…………株式会社 廣済堂

ISBN978-4-331-52292-9 C0075

メッセージBOOKシリーズ

森福允彦 メッセージBOOK —気持ちで勝つ!—

森福允彦 著

ピンチに打ち勝つ
強さの秘密。

松田宣浩 メッセージBOOK —マッチアップ—

松田宣浩 著

理想・苦難と向き合い、
マッチアップした軌跡。

平田良介 メッセージBOOK —自然体主義—

平田良介 著

「自分らしさ」が、
「勝負強さ」を生む。

小川泰弘 メッセージBOOK —ライアン流—

小川泰弘 著

学んだフォーム&
独自のスタイル。

源田壮亮 メッセージBOOK —出会い力—

源田壮亮 著

出会いによって、
生み出される力!

伊藤光 メッセージBOOK —クールに熱く—

伊藤光 著

冷静な頭脳で、
勝負に燃える!

プロフェッショナルバイブルシリーズ

コントロールする力
心と技の精度アップバイブル

杉内俊哉 著

精神力とスキルを
高める新思考法。

異次元へ
型破りの守備・攻撃&メンタル追求バイブル

菊池涼介 著

規格外プレーの技術解説に、
チーム論、メンタル術!

技術と心
至高の打撃・野球道&精神力探究バイブル

秋山翔吾 著

日本一の安打製造機の
打撃論に、哲学、成功術。

マスターズメソッドシリーズ

野球センスの極意
走攻守・バッテリー能力&マルチなセンスの磨き方

立浪和義 著

鈴木誠也・金子千尋・
赤星憲広との対談つき。

打撃力アップの極意
技術・メンタルの高め方&打撃開眼・投手攻略の秘策

立浪和義 著

坂本勇人との対談つき。
打撃や観戦法が深まる。

頭脳の盗塁術
走りのプロの技術・戦略&バッテリーとの心理戦対策

赤星憲広 著

西川遥輝との対談つき。
走者目線の野球が面白い!

ただジャイアンツのために
非エリートからの栄光&チーム論・8回の抑え方

山口鉄也 著

恩にこたえ続けた
全軌跡と投球術。

内野守備の新常識
4ポジションの鉄則・逆説&バッテリー・外野・攻撃との関係

井端弘和 著

「前へ出ろ」は間違い!?
鳥谷敬との対談つき。

廣済堂新書

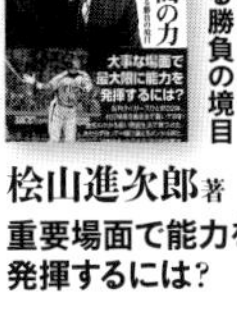

待つ心、瞬間の力
阪神の「代打の神様」だけが知る勝負の境目

桧山進次郎 著

重要場面で能力を
発揮するには?

攻撃的守備の極意
ポジション別の鉄則&打撃にも生きるヒント

立浪和義 著

宮本慎也との対談つき。
プレー・見方が変わる!

長打力を高める極意
強く飛ばすプロの技術&投手・球種別の攻略法

立浪和義 著

高橋由伸との対談つき。
観戦・実践に役立つ!

二遊間の極意
コンビプレー・併殺の技&他選手・攻撃との関係性

立浪和義 著

菊池涼介・今宮健太・
井端弘和との対談つき。

以下、続刊